OSTSEEKÜSTE

MECKLENBURG-VORPOMMERN

INSIDER-TIPP
Deine Abkürzung ins Erleben!

Reisen mit MARCO POLO Insider-Tipps

MARCO POLO TOP-HIGHLIGHTS

LEUCHTTURM DORNBUSCH ★ 1

Unten winzige Boote und Schaumkronen, oben buschiges Hügelland. Mittendrin der Leuchtturm

📷 *Tipp: Für den Fotoklassiker einen Ort suchen, bei dem Mensch, Leuchtturm und markante Kiefer auf den Ausschnitt passen*

➤ S. 91, Rügen, Hiddensee, Stralsund

ASTRONOMISCHE UHR ★ 2

Und sie tickt immer noch: die über 500 Jahre alte Uhr in der Rostocker Marienkirche (Foto)

➤ S. 62, Rostock und Umgebung

MÜNSTER BAD DOBERAN ★ 3

Heilige Hallen, in denen du leicht nachvollziehen kannst, wie die Menschen im Mittelalter dachten und glaubten

➤ S. 60, Rostock und Umgebung

MARKTPLATZ WISMAR ★ 4

Herzklopfen (nicht nur) für Freunde mittelalterlicher Architektur

➤ S. 46, Wismar und die Wismarbucht

SEEBRÜCKE AHLBECK ★ 5

Verströmt immer noch kaiserliche Seebadeleganz: die älteste Seebrücke Deutschlands mit Türmchen und Wetterfähnchen

📷 *Tipp: Im Dunkeln! Dann leuchten die Fenster im Restaurant so schön*

➤ S. 117, Usedom, Greifswald, Lassaner Winkel

OZEANEUM ★ 6

Das Ozeaneum in Stralsund gibt einen faszinierenden Einblick in alles, was in den nördlichen Meeren lebt

➤ S. 88, Rügen, Hiddensee, Stralsund

DARSSER ORT 7

Im Zentrum des Nationalparks den Leuchtturm besteigen und im Natureum verstehen, wie alles zusammenhängt: Wald, Mensch und Küste

Tipp: Im Norden, hinter dem Zaun liegt der Nationalpark. Die Wildnis darf man nicht betreten. Aber fotografieren

➤ S. 79, Fischland, Darß, Zingst

KREIDEKÜSTE 8

Wandern auf den berühmten, weiß leuchtenden Kreideklippen von Rügen

Tipp: Unbedingt von oben fotografieren: weiße Klippen, türkisfarbenes Meer und umgestürzte Baumriesen

➤ S. 92, Rügen, Hiddensee, Stralsund

KLOSTERRUINE ELDENA 9

Von Greifswald führt ein Spaziergang am Fluss zu den Klosterüberresten, die dank Caspar David Friedrich weltbekannt sind

Tipp: Für die Vergänglichkeitsmetaphorik auf den Herbst warten: fallende Blätter, zerfallene Mauern

➤ S. 107, Usedom, Greifswald, Lassaner Winkel

WESTSTRAND 10

Natur, atemberaubend schön: wilder Wald und wilde Küste auf dem Darß

➤ S. 79, Fischland, Darß, Zingst

INHALT

36 DIE REGIONEN IM ÜBERBLICK

38 WISMAR UND DIE WISMARBUCHT

42 Boltenhagen 43 Klütz 46 Wismar 49 Insel Poel 50 Boiensdorfer Werder/Salzhaff 51 Rerik

54 ROSTOCK UND UMGEBUNG

58 Kühlungsborn 61 Rostock 65 Warnemünde

68 FISCHLAND, DARSS, ZINGST

72 Ribnitz-Damgarten 73 Wustrow 74 Ahrenshoop 75 Born 76 Wieck 78 Prerow 80 Zingst 82 Barth

84 RÜGEN, HIDDENSEE, STRALSUND

88 Stralsund 90 Insel Hiddensee 91 Sassnitz 93 Binz 96 Sellin 96 Mönchgut 98 Lauterbach 100 Putbus

102 USEDOM, GREIFSWALD, LASSANER WINKEL

106 Greifswald 109 Lassaner Winkel 110 Zinnowitz 114 Bansin 115 Heringsdorf 117 Ahlbeck

INHALT

MARCO POLO TOP-HIGHLIGHTS

2 Die 10 besten Highlights

DAS BESTE ZUERST

8 ... bei Regen
9 ... Low-Budget
10 ... mit Kindern
11 ... typisch

SO TICKT DIE OSTSEEKÜSTE

14 Entdecke die Ostseeküste
17 Auf einen Blick
18 Die Ostseeküste verstehen
21 Klischeekiste

ESSEN, SHOPPEN, SPORT

26 Essen & Trinken
30 Shoppen & Stöbern
32 Sport

MARCO POLO REGIONEN

36 ... im Überblick

ERLEBNISTOUREN

120 Mal geschäftig, mal still: Greifswald an einem Tag
123 Auf Augenhöhe mit den Graugänsen
126 Stille Seen, schöne Wälder: Lassaner Winkel

GUT ZU WISSEN

128 **DIE BASICS FÜR DEINEN URLAUB**
Ankommen, Weiterkommen, Im Urlaub, Feste & Events, Notfälle, Wettertabelle

134 **URLAUBSFEELING**
Bücher, Filme, Musik & Blogs

136 **TRAVEL PURSUIT**
Das MARCO POLO Urlaubsquiz

138 **REGISTER & IMPRESSUM**

140 **BLOSS NICHT!**
Fettnäpfchen und Reinfälle vermeiden

Besuch planen
€-€€€ Preiskategorien
(*) Kostenpflichtige Telefonnummer
Essen/Trinken
Shoppen
Ausgehen
Top-Strände

(A2) Herausnehmbare Faltkarte
(a2) Zusatzkarte auf der Faltkarte
(0) Außerhalb des Faltkartenausschnitts

BESSER PLANEN MEHR ERLEBEN!

Digitale Extras
go.marcopolo.de/app/omv

DAS BESTE ZUERST

Haben schon viele Künstler inspiriert: Strand und Dünen bei Ahrenshoop

BEST OF

BEI REGEN

SCHÖN, AUCH WENN ES REGNET

BLICK IN BUNTE MEERESTIEFEN

Im *Deutschen Meeresmuseum* bringen bunte Fische Farbe ins Regengrau. Es regnet immer noch? Dann trink noch einen Kaffee mit Blick auf Haie und Meeresschildkröten.

➤ S. 88, Stralsund

RÄTSELSTUNDEN

Zu viel darf hier nicht verraten werden. Aber wenn ihr im *Escape Room* gemeinsam Rätsel löst, wird das vielleicht einer der aufregendsten Regentage eures Lebens.

➤ S. 64, Rostock

UNTERM BLÄTTERDACH

Baumwipfelpfad? Bei Regen? Klar, schließlich ist ein großer Teil des Pfads bei Prora quasi überdacht – weil er sich etagenweise in die Höhe schraubt und der nächsthöhere Holzbohlenweg als Dach fungiert. Und über dir ist ja noch das Blätterdach (Foto).

➤ S. 95, Rügen

ENDLICH (MUSEUMS-)ZEIT

Bei Sonnenschein hat man fürs Museum ja nie genug Zeit. Aber jetzt, wo es regnet, kannst du im *Pommerschen Landesmuseum* in Ruhe in die Gemälde- oder die ur- und frühgeschichtliche Sammlung eintauchen.

➤ S. 106, Greifswald

EINFACH ABTAUCHEN

Sieben Tage Regenwetter? Dann tauch doch bei der *Ostseebasis Rerik* ab. Unter Wasser kriegst du vom dunklen Himmel und den Wolken nichts mit. Und nass wirst du sowieso.

➤ S. 52, Wismarbucht

HEISSER TEE AM OFEN

Wenn an die Fensterscheiben der Regen prasselt, sitzt du mit einer Tasse Tee auf dem Sofa im *Café Rosengarten.* Ist es draußen so richtig ungemütlich, dann wird sogar der Kachelofen angeheizt.

➤ S. 80, Zingst

BEST OF
LOW-BUDGET

FÜR DEN KLEINEN GELDBEUTEL

STRANDGUT
Die schönsten Mitbringsel von der Ostseeküste kosten nichts, erfordern aber etwas Einsatz, einen wachen Blick und das nötige Quäntchen Glück: Donnerkeile, versteinerte Seeigelüberreste, Hühnergötter oder auch Bernstein findest du (vielleicht) beim Strandspaziergang.
➤ S. 21

LITERATUR-INFUSION
Wenn der Urlaub verregneter oder entspannter wird als gedacht und du die mitgebrachten Bücher schon nach zwei Tagen ausgelesen hast, musst du dir keine neuen kaufen. Im *Max-Hünten-Haus* (Foto) kannst du Bücher und Filme kostenlos ausleihen. Auch eine Kinderabteilung gibt es.
➤ S. 81, Zingst

VON WEGEN TOT
Im *Café Miluh* in Klütz zeigt sich die Provinz höchst lebendig. Donnerstags spielen Musiker aus der Region auf. Anders als die Konzerte oder das Kino am Wochenende ist „Tönen und Klönen" komplett kostenlos. Und: Du kannst mitmachen, die Bühne steht jedem offen.
➤ S. 44, Wismarbucht

KEIN KONSUMZWANG
Im *Freigarten* ist nicht zwingend das Getränk die Eintrittskarte in den Biergarten. Unter den Bäumen sitzen, die Atmosphäre genießen oder ins Gespräch mit anderen kommen geht auch so klar.
➤ S. 64, Rostock

SINNESFREUDEN
Dass die schönsten Dinge nichts kosten ist eine Binsenweisheit – aber wahr. Das erlebst du im Schaugarten der Insel Poel: beschnupper und bestaun hier insgesamt 500 verschiedene Pflanzen!
➤ S. 49, Wismarbucht

BEST OF MIT KINDERN

SPANNENDES FÜR GROSS & KLEIN

GLÜCK IN DER FLASCHE

Nach dem *Buddelschiff-Workshop* in Boltenhagen wirst du ein sehr glückliches Kind mit selbst gebautem Buddelschiff unter dem Arm wieder abholen. Wenn du Glück hast, verrät es dir auch, wie das Schiff in die Flasche gekommen ist.

➤ S. 42, Wismarbucht

EIN TAG MIT EISBÄREN UND ORANG-UTANS

Der *Rostocker Zoo* wartet mit so vielen Highlights auf, dass einem ganz schwindelig wird. Besonders toll: das Darwineum und die Tropenhalle mit Gorillas und Orang-Utans.

➤ S. 62, Rostock und Umgebung

EINMAL LOKOMOTIVFÜHRER SEIN

Molli, die dampfende und zuckelnde Eisenbahn, ist sowieso toll. Noch toller wird's, wenn ihr vorne in der Lok mitfahrt.

➤ S. 59, Rostock und Umgebung

AB INS SEEHUNDBECKEN

Schwimmen, aber nicht alleine: Zusammen mit den Mitarbeitern des *Marine Science Centers* darf dein Kind mit einem Seehund schwimmen. Wenn da nicht ein Traum in Erfüllung geht …

➤ S. 66, Rostock und Umgebung

KINDER GEHEN IN FÜHRUNG

Weil sie das selbst am besten können, führen Kinder andere Kinder durch das *Doberaner Münster.* Und zeigen, was sie selber spannend finden.

➤ S. 60, Rostock und Umgebung

FAMILIENURLAUB IN DER STEINZEIT

Wie man ein Feuer ohne Streichhölzer und Feuerzeug entzündet und eine Pfeilspitze aus Feuerstein haut, könnt ihr hier lernen. Die *Steinzeit-Workshops* am Kap Arkona auf Rügen sind für Familien konzipiert.

➤ S. 92, Rügen

BEST OF

TYPISCH

DAS ERLEBST DU NUR HIER

KÜSTE MIT ZWEI GESICHTERN
Das Meer hat in Mecklenburg-Vorpommern ein Vorne und ein Hinten. Vorne Ostsee, hinten eingeschlossene Salzwasserbuchten: Bodden, Haff oder Achterwasser. Beides hat eigene Tier- und Pflanzenwelten, Lichtverhältnisse und Stimmungen. Besonders schön wird's, wenn beide Küsten an einem Ort zu erleben sind. Wie in *Rerik*.
➤ S. 51, Wismarbucht

WEISSE ELEGANZ
Gleichzeitig lässig und vornehm wollte die Bäderarchitektur wirken, eine Casual-Variante der Stadtvilla, in der das Bürgertum im 19. Jh. wohnte. Bei einem Spaziergang in *Heiligendamm* kommst du den Ursprüngen dieses Architekturstils auf die Spur.
➤ S. 60, Rostock und Umgebung

FRISCHER FISCH
In fast jedem Hafen an der Küste findest du einen Fischer, der seinen Fang direkt vom Kutter aus verkauft oder vor Ort räuchert – wie die Mönchguter *Fischräucherei Dumrath*.
➤ S. 97, Rügen

MAL WAS NEUES PROBIEREN
Das geht hier überall: einfach mal rauf aufs Kiteboard (Foto) oder testen, wie es sich auf einem wackeligen SUP-Board steht. Beste Bedingungen dafür hat das *Boardway Wassersportzentrum* bei Lubmin.
➤ S. 109, Greifswald

ABSEITS DER WEGE
So beeindruckend Kurhaus und Seebrücke auch sind – die schönsten Plätze liegen in Mecklenburg-Vorpommern im Abseits, wo die Grundstückspreise sinken und Platz für kreatives Chaos ist. Zum Beispiel für einen halbwilden Garten und einen Laden mit lokalen Produkten in der *Villa Kunterbunt* auf der Halbinsel Gnitz.
➤ S. 113, Rügen

SO TICKT DIE OSTSEE KÜSTE

Auf den richtigen Kurs bringt dich der Wegweiser in Prerow

T/ WIECK
SEE
TELLE

ENTDECKE DIE OSTSEEKÜSTE

Keines gleicht dem anderen: Giebelhäuser in der Stralsunder Mühlenstraße

1700 perfekt komponierte Küstenkilometer gehören zu Mecklenburg-Vorpommern: steinige Abschnitte, an denen man Donnerkeile und Fossilien findet, Steilküste, die jäh zum Wasser abfällt, Sandstrand, der zwischen den Zehen knirscht. Buchenwälder, in denen Buschwindröschen blühen. Alle paar Kilometer gibt es diese Stellen, an denen man stehen bleibt. Weil man glaubt, jetzt aber wirklich den Blick gefunden zu haben, der alle anderen übertrifft. An dieser Küstenlinie, der längsten Deutschland, ist es locker möglich, den einen, quasi eigenen Strand zu finden.

IST DAS HIER EINE ZEITREISE?

Wem so viel Abgeschiedenheit suspekt ist, dem bleiben die (Hanse-)Städte. Stralsund und Wismar, deren Innenstädte so gut erhalten sind, dass sie ins

ab 7. Jh. Slawische Stämme siedeln an der Ostseeküste

13. Jh. Rostock, Wismar, Stralsund und Greifswald gelangen in der Hanse zu Wohlstand

15. Jh. Gründung der Universitäten in Rostock und Greifswald

16. Jh. Adelige verpflichten Bauern, Gutshöfe entstehen

19. Jh. Die Leibeigenschaft wird aufgehoben; Abwanderung in Städte

1939–45 Die Städte bleiben im Zweiten Weltkrieg von

Unesco-Weltkulturerbe aufgenommen wurden. Mit Kopfsteinpflasterstraßen und Kirchtürmen aus Backstein, die immer auch Seezeichen sein mussten. Bei einem Spaziergang über den Stralsunder Marktplatz wirst du dich manchmal wie in einem Freilichtmuseum fühlen. Die Epoche der Hanse überstrahlt als goldenes Zeitalter auch noch die jüngere Geschichte: Fast unbeschadet haben die Innenstädte den Zweiten Weltkrieg überstanden. Und größtenteils auch den langsamen Verfall während der DDR-Zeit. Die Städte sind aber mehr als leblose Denkmäler ihrer eigenen Vergangenheit. So fügt sich der moderne Bau des Ozeaneums in den historischen Hafen von Stralsund. Und wenn das Publikum in Wismar zu Open-Air-Konzerten strömt, wird die Stadt selbst zur Bühne. Rostock und Greifswald haben die beiden ältesten Universitäten im Ostseeraum. Und Clubs und Szenecafés, Museen, Ateliers und Musikkneipen, in denen man die Nacht durchfeiern und den anschließenden Tag am Strand vergammeln kann.

ZWISCHEN SHANTYCHORROMANTIK UND ARBEITSLOSENSTATISTIK

Während die Menschen an der Küste wirtschaftlich ganz gut auf der Tourismuswelle reiten, steht nur ein paar Kilometer von der Küste entfernt jedes dritte Haus leer, und die wenigen Jugendlichen hängen an Bushaltestellen rum. Huch, da ist er plötzlich, der marode Charme des Binnenlands mit seinen Brachen und Agrarlandschaften. Auch wenn die Wende lange her zu sein scheint, teilen viele Menschen hier ihr Leben in ein Davor und ein Danach ein. So wie man die Brü-

Bomben weitgehend verschont

ab 1990 Entstehung des Bundeslands Mecklenburg-Vorpommern

1992 Pogrom in Rostock-Lichtenhagen bildet bundesweit den Höhepunkt der Gewalt gegen Ausländer

2003 Die Innenstädte von Stralsund und Wismar werden Weltkulturerbe

2017 Manuela Schwesig wird erste Ministerpräsidentin von MV

2020 Der Besuch einer Kita ist ab 1. Januar kostenfrei

che in den Biografien erst auf den zweiten Blick sieht, geben auch die Städte und Dörfer erst bei genauem Hinschauen ihre Geheimnisse preis. Mach dich auf die Suche nach den kleinen und besonderen Orten. Und den Menschen, die abseits des Mainstreams ihre eigene Version von Hotel oder Imbiss, Dorfgemeinschaft oder Künstlerschuppen umsetzen und selbst gerösteten Kaffee, selbst geräucherten Fisch, selbst gebrautes Bier verkaufen. Die gibt es überall, selbst in den teuren und im Sommer übervollen Seebädern. Apropos Seebäder: Heiligendamm, Binz und Heringsdorf gehören zu den ältesten und berühmtesten in Deutschland. Mit Seebrücke und Promenade, Sehen und Gesehenwerden. Aber egal, wo du bist, es lohnt sich, auch die entlegeneren Regionen zu besuchen, z. B. auf Fischland-Darß-Zingst die Boddenkette, auf Usedom das Achterwasser, auf Rügen den Strelasund und den Greifswalder Bodden. Traditionsreiche Badeorte, verfallene Dörfer, Universitätsstädte voller Leben, alte Fischerorte und lebendige Künstlersiedlungen. Die Wahrheit über Mecklenburg-Vorpommern liegt irgendwo zwischen Shantychorromantik und Arbeitslosenstatistik, Viersternehotel und Plattenbausiedlung.

NATUR ALS GRÖSSTE SEHENSWÜRDIGKEIT

Nirgendwo in Deutschland leben so wenige Menschen auf einem Quadratkilometer wie hier. Gut für die Natur, die größte, die alles überragende Sehenswürdigkeit in Mecklenburg-Vorpommern. Allein an der Küste liegen zwei von insgesamt 14 Nationalparks in Deutschland. Auch in den Flusstälern der Peene, der Warnow, der Trebel, den wilden Küstenabschnitten, in Kastanien- und Lindenalleen und Biosphärenreservaten findest du atemberaubend schöne Natur. Trau dich, sooft es geht, rauf aufs Wasser: Betrachte die Küste von der Wasserseite aus, sieh dir Robben, Kraniche und Seeadler durchs Fernglas an, bekomm ein Gespür für Wellen und Wind. Überall an der Küste kannst du Kajaks oder Ruderboote leihen, kiten, segeln oder surfen. Lass das Auto stehen, mach eine Radtour, eine Wanderung. Oder wenigstens einen Spaziergang!

DER ORT DER ORTE

Und wo ist es nun am schönsten? Auf dem Dornbusch, dem hügeligen Hochland von Hiddensee? Dem Darßer Ort im Westen oder Pramort im Osten der Halbinsel Zingst? An den langen Stränden im Westen Mecklenburgs? In Usedoms Wäldchen am Hang? An der Kreideküste von Rügen liegen Baumriesen wie gestrandet auf halber Strecke mitten im Ostseewasser, das die Kreide türkis färbt. Lauf durch dichten Buchenwald, über steile Holztreppen und vorbei an plätschernden Bächen. Schau den Möwen von oben auf ihr Gefieder und weit draußen auf Fischerboote und Fähren. Wäre die Küste eine perfekt komponierte Sinfonie, dann müsste das hier ihr Schlusssatz sein, der absolute Höhepunkt. Den man natürlich erst so richtig schätzen kann, wenn man auch die anderen Sätze gehört, äh, gesehen hat.

AUF EINEN BLICK

1,6 MIO.
Einwohner

Berlin: 3,4 Mio.

230

Küstenfischer sind noch unterwegs, 1990 waren es 1000

1945 km
Küstenlänge

Schleswig-Holstein: 870 km

3120 EURO
Durchschnittseinkommen

Baden-Württemberg: 4517 Euro

UMSCHLAG IN DEN SEEHÄFEN 2017:
36 MIO.
Tonnen

Hamburg: 136,5 Mio. Tonnen

BELIEBTESTES URLAUBS-BUNDESLAND:
> 30 MIO.
ÜBERNACHTUNGEN

JEDEN HERBST ZIEHEN
400.000
KRANICHE ÜBER DIE BODDENKÜSTE

ZINNOWITZ
auf Usedom
war 2017 der Ort mit den meisten Sonnenstunden (1917,5) in Deutschland

10.000
Urlauber sind gleichzeitig auf dem größten Campingplatz Usedoms

6 HANSESTÄDTE
Rostock, Wismar, Stralsund, Greifswald, Anklam, Demmin

32 PROZENT DER GESAMTFLÄCHE STEHEN UNTER NATURSCHUTZ

DIE OSTSEEKÜSTE VERSTEHEN

ROCKSTARS DER KÜSTE

Überall Paparazzi! Wenn im Herbst die Kraniche zur Abenddämmerung auf den Feuchtwiesen am Hafen von Zingst landen, stehen sie Auge in Auge mit Hunderten auf sie gerichteter Kameras und Spektive. Manche Vogelfans nehmen die sehnsuchtsvollen Rufe sogar als Souvenir auf Band auf. Aber die Kraniche sind nicht die einzigen Rockstars der Küste. Viel Wirbel gibt es auch um die Kegelrobben. Auf den Beobachtungsschiffen, die im Sommer regelmäßig in Gager, Lauterbach oder Peenemünde ablegen, drängen sich Urlauber mit Ferngläsern. Dass sich die bedrohten Robben im Greifswalder Bodden wieder wohlfühlen, feiern die Vorpommern als Sensation. Auch die beinahe schon ausgestorbenen Seeadler gebärden sich wie echte Promis. Um einen zu sichten, braucht man Geduld, ihre Lieblingsrastplätze werden als Geheimtipps gehandelt. Hier schon mal einer: Im Mündungsbereich der Peene sitzen sie gerne auf halb verrotteten Holzdalben in Ufernähe.

INSIDER-TIPP Neuer Klingelton?

INSIDER-TIPP Unter Adleraugen

FAHRFRUST

Das Loch in der Autobahn sah aus, als hätte ein Riese mit einem Hammer auf die Fahrbahn eingeschlagen. Im Herbst 2017 machte die A 20 Schlagzeilen, weil ein Teil der Fahrbahn plötzlich absackte und im Moor verschwand. Die Säulen, auf denen die Autobahn gegründet war, waren, eine nach der anderen, einfach gebrochen. Die Bilder vom Loch in der Autobahn gingen durch alle Medien. Und durch Langsdorf, ein Dorf bei Tribsees, staut sich seither der Verkehr, gerade in den Sommermonaten und an Wochenenden oft für Stunden. Für die Bewohner ist das eine Qual, die seit Jahren andauert, für die Autofahrer ziemlich nervig. Und für die Menschen im östlichen Landesteil, in Vorpommern, ist die kaputte Autobahn seither eine Manifestation ihres Gefühls des wirtschaftlichen Abgehängtseins gegenüber Mecklenburg im Westen. An der A 20, die vor dem Loch eine der Autobahnen mit dem geringsten Stau- und Verkehrsaufkommen war, hängen nämlich seit Baubeginn in den 1990er-Jahren Wachstums- und Wohlstandshoffnungen. Deshalb wird die Autobahn auch „Lebensader" und „Nabelschnur in den Westen" genannt.

STILFRAGE

Am Strand aalen sich Urlauber in Badehose und Badeanzug. Angezogen! Na und, denkst du? Tja, was anderswo als normal gilt, ist hier ein echter Aufreger. An den Stränden von Mecklen-

In der Abenddämmerung haben die Kraniche ihren großen Auftritt

burg-Vorpommern erwartet man Nackte. Schließlich hatten die Urlauber schon in den 1950er-Jahren ihrem autoritären Staat das Recht, nackt zu baden, abgetrotzt. Die komplette DDR-Zeit über behielt das Nacktbaden seine subversive Note, und nach der Wende mussten Urlauber und Einheimische die Freikörperkultur ein zweites Mal verteidigen – diesmal gegen die Westdeutschen. Aber seit ein paar Jahren sind die sonnenbadenden Nackten auf dem Rückzug, die Blütezeit des FKK ist spürbar vorbei. Viele Seebäder haben die FFK-Abschnitte an die Peripherie verlegt, auch weil gerade die Jüngeren mittlerweile lieber angezogen baden.

DUNKEL

In Mecklenburg-Vorpommern ist es dunkler als anderswo in Deutschland. Und dieser Rekord ist ein guter. Denn vor die Tür treten und die Milchstraße sehen ist laut einem 2016 erschienenen Lichtverschmutzungsatlas für eine wachsende Zahl an Menschen in Europa längst keine Selbstverständlichkeit mehr. Außerhalb der größeren Orte geht das an der mecklenburg-vorpommerschen Küste fast überall. Perfekt, um den Großen Wagen oder die Plejaden zu sichten und darüber zu staunen, *wie viele* Sterne es gibt. Und wenn dir dunkel noch nicht dunkel genug ist, solltest du eine nächtliche Bootstour auf der Ostsee machen.

ECHT WILD

Steilküsten, die abstürzen dürfen, wie sie wollen. Bäume, die umfallen und einfach liegen bleiben. Natur gibt es vielerorts, aber echte Wildnis? Die schönsten, wirklich allerschönsten

Romantik is' nich': Die Küstenfischerei ist ein Knochenjob – mit unsicherer Zukunft

Orte an der Küste sind die ungezähmten, die wilden. Dass es davon überdurchschnittlich viele gibt, ist einem Greifswalder zu verdanken. Auf der letzten Sitzung des Ministerrats der DDR gelang Michael Succow 1990 als stellvertretendem Umweltminister ein Coup: Sieben Prozent der Fläche der gesamten DDR wurden kurzerhand unter Naturschutz gestellt. Allein deshalb gibt es im Land drei Nationalparks. Der Nationalpark Vorpommersche Boddenlandschaft ist der größte im Bundesland und der drittgrößte in Deutschland. Succow, heute 75 Jahre alt und Professor für Landschaftsökologie und Naturschutz, sieht das als „eine der Erfolgsgeschichten der deutschen Einheit". Und erzählt gerne launige Sidestorys rund um sein Meisterstück. Wie er z. B. auf dem Weg nach Bonn zu Umweltminister Klaus Töpfer liegen blieb, weil sein Trabbi unterwegs alle vier Reifen verlor. Zum Glück kam er dennoch rechtzeitig an. Man kann sich leicht ausmalen, wie schnell ansonsten Bettenburgen, Industrieflächen und Wohnsiedlungen entstanden wären, wo heute Kraniche brüten, Buchenwälder mit grünen Kuppeldächern protzen und Salzwiesen wachsen.

FISCH(ER)

Frühmorgens sieht man in einem Hafen wie Wieck (Greifswald), Freest oder Lauterbach die Fischer in orangenem Ölzeug auf ihren Holzkuttern rausfahren. Archaische Bilder, irgendwie handfest und uralt. Fischer ist nicht umsonst die Sorte von Beruf, die in jedem zweiten Kinderbuch auftaucht. Dabei geht's den Fischern schon lange nicht mehr gut, die industrielle Fischerei hat die Bestände ausgedünnt, der Klimawandel setzt dem Heringsnachwuchs zu, die Preise sind zu niedrig. Und neuerdings gibt es auch noch einen Räuber: Die Kegelrobbe macht den Fischern Konkurrenz.

Die von der Europäischen Kommission festgelegten Fangquoten sollen verhindern, dass die Bestände ihrer Brotfische Dorsch und Hering noch weiter zurückgehen. Bei den Fischern sind diese Quoten unbeliebt, sie verweisen gern auf ihre als nachhaltig geltende Form der Stellnetzfischerei. Überall auf dem Bodden, an den flachen Stellen der Ostsee und in den Flussmündungen sieht man die roten und schwarzen Fischerfähnchen. Ihren Fang vermarkten die Ostseefischer meist gemeinsam, in Fischereigenossenschaften. Dort gibt es oft auch Fischläden und einen Imbiss. Wenn du Fisch magst: Kauf da! Das unterstützt die lokalen Fischer. Bei Hering, Aal, Flunder, Zander, Hornfisch, Hecht, Barsch, Meerforelle, Lachs, Schnäpel, Meeräsche und Dorsch gibt es Chancen, dass sie aus der Region stammen. Nachzufragen, wo der Fisch herkommt, lohnt sich. Auch im Restaurant.

FUNDSACHEN

Um sie zu finden, kriechen Leute auf den Knien herum, starren minutenlang auf ein paar Quadratzentimeter Spülsaum. Hier die wichtigsten Fossilien der Küste:

Donnerkeile: graubraun, länglich, versteinerte Beine von Tintenfischen, mindestens 65 Mio. Jahre alt. *Chancen, sie zu finden:* genug für alle da. *Wo:* Kreideküste. *Was man damit ma-*

KLISCHEE KISTE

ÜBERALL FISCHKUTTER

Leider nein. Drei von vier Fischern, die 1990 noch Hering, Dorsch oder Zander fischten, haben aufgegeben. Das liegt an den mickrigen Fischbeständen und an der Konkurrenz durch die großen Schleppnetzfischer. Deshalb werden die schicken roten Fischerfähnchen in den Häfen immer weniger.

GIB MIR NUR EIN WORT

Sorry, aber das ist die Wahrheit: Man stellt eine Frage. Wirklich ganz freundlich. Und wartet. Die Uhr tickt, der Bus den man kriegen wollte, fährt ab, der Anruf, den man hätte annehmen wollen, ist längst Nachricht auf der Mailbox. Mit Glück kommt irgendwann eine Antwort, mit noch mehr Glück ist sie länger als ein Wort. „Ich bin eben ein Fischkopp." So erklären die Leute hier ihre Einsilbigkeit. Das hilft: dranbleiben. Und freundlich bleiben.

ALLES GRAU

„Die Landschaft ist ja ganz schön, aber die Städte …" Auch 30 Jahre nach der Wende wird das Land sein Ostimage nicht los. Dabei muss man schon richtig suchen, um noch eine überwucherte Brache oder abblätternden Putz zu finden. Die Straßen haben weniger Schlaglöcher als im Ruhrgebiet, und die Städte sind bunt, nicht grau.

chen kann: Donnerkeile wurden früher als Heilmittel gegen Krankheiten jeder Art verwendet, vielleicht funktioniert das ja immer noch … In einem Korb auf der Fensterbank sammeln – wegen ihrer Farbe sieht man den Staub nicht so.

Seeigel: versteinerte Schalenreste von Seeigeln mit strahlenförmigen, von der Mitte ausgehenden Abdrücken. *Chancen, sie zu finden:* geht so. *Wo:* Kreideküste. *Was man damit machen kann:* angeben. Kindern die Erdzeitalter erklären.

Hühnergötter: schwarz-weiße Feuersteine mit Loch. *Chancen, sie zu finden:* Feuersteine gibt's haufenweise, meist haben sie kein Loch. *Wo:* überall. *Was man damit machen kann:* mehrere Hühnergötter auf eine Kette fädeln. Angeblich wurden sie früher in den Hühnerstall gehängt, damit das Geräusch, das beim Aneinanderschlagen der Steine entsteht, den Fuchs vertreibt. Und es bringt Glück, wenn man durch ein Hühnergottloch den Horizont fixiert.

Bernstein: goldgelb, honigfarben bis weißlich. Versteinertes Harz aus kreidezeitlichen Wäldern. Manchmal mit Insekteneinschluss. *Chancen, ihn zu finden:* nach Sturmtagen ganz okay, sonst schwierig. *Wo:* Darßer Weststrand, Hiddensee-Weststrand, Strand von Peenemünde, vor allem nach Sturm. *Was man damit machen kann:* als Schmuck tragen natürlich.

TRENDFERN

„Wenn die Welt untergeht, ziehe ich nach Mecklenburg, da passiert alles 50 Jahre später." Das soll Bismarck angeblich mal gesagt haben. Er hat vielleicht ein bisschen übertrieben, aber grundsätzlich nicht ganz unrecht. Beispiel Tapasbars: Während diese überall in deutschen Großstädten Ende der 1990er-, Anfang der 2000er-Jahre aus dem Boden schossen, eröffnete die erste Greifswalder Tapasbar erst vor ein paar Jahren. Die zweite folgte dann schnell. Man kann es auch positiv sehen: Was hier ankommt, ist woanders schon gründlich getestet und für gut befunden worden. Dabei gibt es aber gerade in den Unistädten Rostock oder Greifswald auch Orte, die grooven, deren Puls mit der Zeit schlägt.

LEERSTELLEN UND FREIRÄUME

„Kann man da noch Urlaub machen?" Nachdem die AfD bei der Bundestagswahl 2017 in einigen Orten über 30 Prozent bekommen hatte, stellten sich gleich mehrere überregionale Zeitungen diese Frage. Nach 1990 haben viele Menschen das Bundesland verlassen, seit der Wende ist die Hälfte aller Schulen geschlossen worden. Man sieht und spürt das, wenn man über Land fährt. Die Löhne sind niedrig, Rechtsextremismus ein echtes Problem. Aber: Im Mangel liegen auch Freiräume und Chancen. Weil es keine Restaurants und Läden mehr gibt, gründen die Leute Gemeinschaftscafés und Kooperativen, schließen sich zu Fahrgemeinschaften zusammen und experimentieren mit Wohnformen. Das alles lohnt sich zu entdecken. Und was den Rechtsextremismus betrifft: Kommt alle! Jetzt ist das wichtiger als je zuvor.

GOLDEN AGE

Nichts wären Stralsund, Rostock, Wismar und Greifswald ohne die Hanse. Oder jedenfalls nicht so schön. Vom 12. bis zum 17. Jh. bestand der Städtebund, in dem zeitweise fast 300 Städte Mitglied waren. Mit ihren bauchigen Frachtschiffen, den Koggen, brachten die Kaufleute aus dem Ostseeraum ihre Waren bis nach Bergen und Nowgorod, Brügge und Schonen. Handelten mit Getreide und Heringen, Pelzen und Holz, Salz und Tuch. Welche Macht und welchen Reichtum dieser Zusammenschluss den Städten an der Küste brachte, sieht man an den prachtvollen Stadtkirchen oder am Stralsunder Rathaus. Rund um die Marktplätze und in den Innenstädten haben herrschaftliche Kaufmannshäuser die Jahrhunderte überdauert. Besonders gut erhalten sind die Weltkulturerbe-Städte Stralsund und Wismar. Die mecklenburg-vorpommerschen Hansestädte beteiligen sich auch an den „Hansetagen der Neuzeit", die 2018 in Rostock stattfanden.

BLAU-WEISS-ROT

An der Rostocker S-Bahn, an Autobahnbrücken, an Fassaden der Greifswalder Innenstadt. Überall Graffiti in Blau-Weiß-Rot. Nein, das sind nicht die Insignien eines Geheimklubs. Sondern Ausdruck der Fanliebe für den FC Hansa Rostock. Auch wenn der Klub seit 2012 nur noch in der 3. Liga spielt, ist die Unterstützung durch die Fans ungebrochen. Der F.C.H. gilt nach wie vor als erfolgreichster Fußballverein Ostdeutschlands und spielte bis 2005 in der ersten Bundesliga mit.

Der Handel machte Stralsund zu einer der reichsten Hansestädte – das Rathaus beweist's

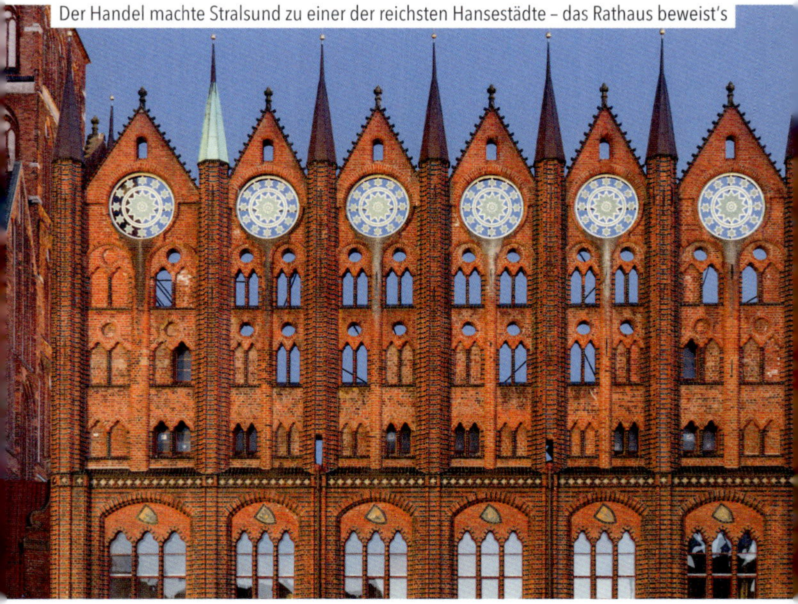

ESSEN SHOPPEN SPORT

Augen auf: Der nostalgische Eiswagen ist auf Usedom unterwegs

ESSEN & TRINKEN

Das große Thema beim Essen ist – Überraschung – Fisch. Dazu Kartoffeln, fertig. Aber ganz so leicht ist es dann doch nicht. Schon allein, weil es nicht jeden Fisch zu jeder Jahreszeit gibt.

VON AAL BIS ZANDER

Hering z. B., der Inbegriff des Ostseefischs, wird im März und April gefangen, und zwar so lange, bis die Fischer ihre Quoten abgefischt haben. Wenn die Heringszeit vorbei ist, hat ein paar Wochen der Hornfisch mit seinen grünen Gräten Saison. Und was bleibt dann noch für den Rest des Jahres? Im Sommer landen Zander, Hecht, Barsch und Aal aus dem Bodden, Flunder, Dorsch, Lachs, Meerforelle und Hering aus der offenen Ostsee in Töpfen und Pfannen. Alles, was darüber hinaus an Fisch angeboten wird, kommt vermutlich nicht von hier. Ganz so einfach ist das Thema Fisch auch deshalb nicht, weil die Fangquoten seit Jahren sinken – durch die industrielle Fischerei, aber auch den Klimawandel sind die Bestände ausgedünnt.

LIEBER DIREKT KAUFEN

Wenn du die verbliebenen Fischer unterstützen willst, kauf deinen Fisch direkt bei ihnen. Die Boddenfischer haben sich in Genossenschaften zusammengeschlossen und betreiben schonende Stellnetzfischerei. Direktvermarktung und Veredelung von Fischereiprodukten laufen schon und sind weiter im Kommen, aber noch ausbaufähig. In Vitte auf Hiddensee z. B. verkaufen die Fischer ihren Fisch in Dosen mit schickem Design und Gruppenfischerfoto. Was eigentlich selbstverständlich sein sollte, nämlich dass im Restaurant am Hafen auch der Fisch der lokalen Fischer in

INSIDER-TIPP
Fisch mit Fischer

Klassiker der Küstenküche: Matjes mit Kartoffelsalat und rote Grütze mit Vanillesauce

der Pfanne brät, ist eher eine Ausnahme. Was auch an der Nachfrage liegt.

GEMÄLDE MIT VIEL FARBE

Insgesamt kann man sich die Küstenküche wie den Entstehungsprozess eines Gemäldes vorstellen, bei dem nach und nach immer mehr Farben dazugekommen sind. Ursprünglich kam das auf den Teller, was eben so da war: Fisch, Wild, Fleisch von Hühnern und Schweinen, Kohl, Rote Bete, Möhren, Steckrüben. Gerade im Winter war das Angebot dürftig, und das Ergebnis ist eine eher arme, reduzierte Küche, in der es darauf ankommt, satt zu werden. Was trotzdem lecker sein kann, aber eben nicht sehr vielfältig ist. Weil es in einem eher menschenleeren Land viel Wild gibt, und Wildschweine, Rot- und Damwild oft aus dem nächsten Wald kommen, war und ist Wild ein wichtiger Bestandteil des lokalen Essens.

Neue Farbtöne brachte die Schwedenzeit aufs imaginäre (Speise-)Bild. Der Mecklenburger Rippenbraten wird seither mit Dörrobst geschmort, und an den Rotkohl gibt man in Pommern süßere Äpfel und mehr Zucker als anderswo. Auch in vielen anderen Gerichten findet sich diese schwedische, süßsaure Note. Süß geht natürlich auch gut als Nachtisch: Von Armen Rittern und Hagebuttenkompott weiß heute kaum noch jemand. Übrig geblieben ist aber die rote Grütze. Die aß man früher meist mit Milch, heute auch gern mit Vanillesauce oder Eis.

NEUE EINFLÜSSE

In den letzten Jahrzehnten ist das Küchengemälde deutlich bunter geworden: Die 40 Jahre Zugehörigkeit zur DDR reichten aus, um Borschtsch, die russische Kohlsuppe, und Soljanka fest zu etablieren. Spätestens seit der Wende findet auf den Speisekarten

Regionale Vitamin-C-Spritze: Sanddorn wächst fast überall an der Küste

Globalisierung statt, eine Farbenexplosion. Auch in Mecklenburg-Vorpommern gibt es kulinarisch mittlerweile alles. Das bereichert. Und ist gleichzeitig ökologisch manchmal fragwürdig. Was die Spitzenküche betrifft – die hat in den letzten fünf Jahren gewaltig an Fahrt aufgenommen. Mittlerweile kochen zehn Sterneköche an den Küsten, und damit ist Mecklenburg-Vorpommern unter den neuen Bundesländern Spitzenreiter. Renommierte Köche versuchen, in den internationalen Menüs lokale Einsprengsel unterzubringen. Und: Immer mehr Restaurants haben Regionalität und Bioessen für sich entdeckt, nehmen lieber den Apfel von nebenan als Litschis von weit weg. Was natürlich nur funktioniert, wenn eben das auch bestellt wird.

AUCH OHNE FLEISCH

Auch wenn es bisher noch nicht so klang: Die meisten Restaurants haben auch vegetarische Gerichte auf der Karte. Für Veganer wird's ein bisschen schwieriger. Restaurants, die keine Tierprodukte verarbeiten, findest du zuverlässig in den Städten wie Rostock, Greifswald und Stralsund. Aber gerade in der Saison solltest du dort besser einen Tisch vorbestellen.

Bist du gern nachmittags unterwegs? Dann solltest du Kaffee trinken gehen, denn gerade in der Cafészene ist viel in Bewegung. In vielen kleinen, persönlichen Läden werden Kuchen und zum Teil aufwendige Torten selbst gebacken, der Kaffee kommt nicht selten aus lokalen Röstereien und ist manchmal sogar fair gehandelt.

SELBSTGEMACHTES

Apropos Kaffee. Was ist mit Getränken? Wenn es nach den Einheimischen geht: lieber Bier als Wein und eher Wasser als Saft. Obwohl Mosten seit Jahren ein Trend ist, und viele Gastgeber selbst gemosteten Saft anbieten oder verkaufen. Auch bei der Craft-Bier-Bewegung mischt Mecklenburg-Vorpommern mit. Ähnlich beliebt ist Selbstgebranntes, das bei den stark alkoholischen Getränken sogar dem „Pfeffi", einem quietschgrünen, knirschend süßen Pfefferminzlikör, den Rang abläuft. Klassisches Küstengetränk ist daneben Grog. Wenn's gesünder, aber auch lokal sein soll, dann bestell einen Sanddornsaft. Der schmeckt auch warm gut. Aber nur mit viel Honig.

INSIDER-TIPP
Pfeffi auf ex

Unsere Empfehlung heute

Vorspeisen

BUTTERMILCHSUPPE, GEKRÄUTERT
dazu geröstetes Schwarzbrot

HORNHECHTSUPPE
Hornhecht in köstlichem Kräutersud

GURKENSALAT
Gurken mit Joghurtdressing und Dill verfeinert

Hauptgerichte

EINGELEGTE BRATHERINGE
Kross gebratener Hering in Essigmarinade

GRÜNER HERING
Brathering mit Zitrone

MATJESHERING
Mit Bratkartoffeln und Salat der Saison

TÜFFEL UN PLÜM
Kartoffelsuppe mit Pflaumen und Speck

MECKLENBURGER RIPPENBRATEN
Süßsaurer Braten, gefüllt mit Äpfeln und Backpflaumen

LABSKAUS
Rinderpökelfleisch mit Kartoffelstampf, Zwiebeln, Roten Beten und Hering

Desserts

ARME RITTER
Ausgebackene Weißbrotscheiben, zuvor in Milch, Eiern und Zucker mariniert

ROTE GRÜTZE
Rote Beerenfrüchte mit Vanillesauce oder Eis

SANDDORNSORBET
Erfrischendes Eis aus Sanddornsaft

FLIEDERBEERSUPPE
Angedickt, mit Gießklößchen

Getränke

GROG
Heißes Wasser mit Rum und Zucker

HEISSER SANDDORNSAFT
Mit Honig gesüßt

SHOPPEN & STÖBERN

Zum Einkaufen brauchst du nicht extra an die Küste zu kommen. Schöne, regionale Produkte gibt es trotzdem an allen Ecken, nur die großen Shoppingerlebnisse erwarten dich in Mecklenburg-Vorpommern eher nicht. Wenn du ein Andenken oder Geschenk aus dem Urlaub mitbringen willst, das Licht und Meer irgendwie konserviert, dann guck mal in den Ateliers von Kunsthandwerkern, Künstlern und Designern vorbei.

MEERESGOLD

Am schönsten ist es natürlich, wenn du den Bernstein selbst findest. Kein Glück am Strand gehabt? Dann kannst du ihn auch kaufen. Fein geschliffen oder naturbelassen, als Ohrstecker, an einem Lederband oder einer Silberkette. Besonders wertvoll werden die Steine durch Einschlüsse von Insekten oder Pflanzenteilen aus der Kreidezeit, Inklusen genannt. Einige Künstler bauen Bernstein auch in Skulpturen aus Naturmaterialien ein.

INSIDER-TIPP
Treibholz trifft Bernstein

DARSSER STOLZ

Keine Kleinigkeit, zugegeben, aber wenn du jeden Tag an die sandigen Wege mit den kleinen Kapitänshäusern auf dem Darß erinnert werden willst, dann nimm dir eine der bunten Darßer Türen mit nach Hause. Ihre farbigen Motive sollen Haus und Bewohner vor Unglück und Unwetter schützen. Die *Kunsttischlerei Roloff (Lange Str. 30 | Tel. 038233 465 | kunsttischlerei-roloff.de)* in Prerow tischlert dir deine Traumtür (Wartezeit mehrere Monate). Wenn dir das zu lange dauert oder du gerade keine Tür brauchst, kannst du auch eine kleine „Miniatür" zum Selbstbemalen mitnehmen.

Schmückendes und Süffiges von der Küste

AUS DEM NETZ

Geräuchert hält sich der Ostseefisch ein paar Tage, sodass du noch beim ersten Abendbrot zu Hause dem salzigen Geschmack nachspüren kannst. Einige Geschäfte schicken dir den Fisch sogar noch Wochen oder Monate nach dem Urlaub per Post nach Hause.

TISCHSCHMUCK

Weiß-blau bemalte Keramik hat in der Region eine lange Tradition. Künstler, die im weitesten Sinne in diesem Erbe stehen, gibt es z. B. auf Rügen. In Göhren verziert *Peter Dolacinski (dolacinski.de)* seine schlicht-schöne Keramik in Fayencetechnik mit blauen Booten, Fischen und Leuchttürmen. Besonders hübsch ist auch die Fischlandkeramik von Friedemann Löber (s. S. 75) bei Ahrenshoop, auf der sich Bäume vor dem Wind wegducken, Fische oder Kraniche tummeln. Jedes Stück ist ein Unikat, jede Linie hat einen anderen Schwung, jeder Kranich hebt das Bein ein bisschen anders.

VITAMINKUR

„Hoch stand der Sanddorn am Strand von Hiddensee", sang Nina Hagen mal. Tatsächlich wächst der Strauch mit den kleinen, orangegelben Beeren gerne in den Dünen. Sanddorn steckt in Saft oder Bonbons, Sirup oder Duschgel und hat Unmengen von Vitaminen. Deswegen gilt der Saft als sehr gesund, ist aber so sauer, dass er pur im Hals kratzt.

FLÜSSIGES

Viel besser als der Saft aus dem Supermarkt schmeckt der von der Streuobstwiese nebenan. Zum Glück gibt es Mostereien an der Küste, aber auch Brennereien, Röstereien und Brauereien, bei denen du lokalen Saft, Schnaps, Kaffee, Bier kaufen kannst.

SPORT

Ein großer Wasserspielplatz – die mecklenburg-vorpommersche Ostseeküste ist durch die lange Küstenlinie und die Brackwasserlagunen Bodden, Achterwasser und Salzhaff ein ziemlich einzigartiges Wassersportrevier. Sport kannst du aber auch diesseits des Strands treiben – vor allem Wandern, Radfahren und Reiten gehen an der Küste richtig gut.

BADEN

INSIDER-TIPP
Neujahrs-schock

Am 1. Januar wird mit viel Trara in Prerow die Badesaison eröffnet, am 31. Dezember ist sie zu Ende. Diejenigen, die nicht der Meinung sind, dass Baden immer geht, mögen das Ostseewasser am liebsten im Juli und August. Dann hat es um die 18 Grad. Bei starkem auflandigem Wind kannst du in entsprechend hohe Wellen springen. Achte dabei bitte besonders auf Kinder und schwächere Menschen, denn auch an der Ostsee gibt es (leichtere) Unterströmungen. Einige Strände werden von der DLRG überwacht. FKK geht an ausgewiesenen Strandabschnitten, wird aber auch an leeren Stränden oder Badeseen meist toleriert.

KANU & SUP

Die windgeschützteren Brackwassergebiete, die Bodden, Haffs und Achterwasser sowie die Flussmündungen sind perfekt für Kanufahrten, egal ob es deine ersten, von Armmuskelkater geprägten Stunden oder die x-te Wasserwandertour ist. Seekajaktouren sind eher was für sportliche und erfahrene Paddler. Einweisungen und Infos zu Revier und Wetter bekommst du zusätzlich zur Ausrüstung an den Verleihstationen.
Für den ersten Tag beim Stand-up-Paddling (SUP) wartest du am besten

Hart am Wind oder ganz geruhsam – auf der Ostsee ist segeltechnisch (fast) alles möglich

auf Flaute. Dann ist das Paddeln auf dem Board aber vergleichsweise leicht zu lernen. Bei viel Wind und Welle wirst du immer wieder nass.

RADFAHREN

Wind im Haar und Blick aufs Meer – das Rad ist an der Küste eine logische Wahl. Es gibt nur wenige Steigungen, viele Strecken führen über Radwege oder wenig von Autos befahrene Nebenstrecken. Auf Hiddensee sind Autos gar nicht erlaubt, auf Usedom rettet dir das Fahrrad die gute Laune: Weil auf der Verbindungsstraße zwischen den Seebädern in der Hauptsaison zeitweise gar nichts mehr geht. Und wenn die Kondition mal nicht mehr reicht: Die Linienbusse auf dem Darß und auf Rügen sind zum Teil mit Radanhängern unterwegs, Infos unter *rpnv.de* und *vvr-bus.de*.

Radwandern geht am besten auf dem *Ostseeküstenradweg*. Der führt von Flensburg nach Ahlbeck und nimmt alle relevanten Küstenorte mit. Nur Rügen bleibt außen vor. Wer mit Zelt und Kocher fährt, findet überall Campingplätze, wer schneller und ohne viel Gepäck unterwegs sein will, kommt in Pensionen unter (am besten reservieren). Unterschätz den Wind nicht! Gegen ständigen Gegenwind anzustrampeln kann genauso anstrengend sein, wie Hügel rauf- und runterzufahren. Bei der Routenplanung deshalb die Großwetterlage checken. Infos und Tourenvorschläge zum Radwandern unter *radkompass.de* und *auf-nach-mv.de/radwandern*, Eindrücke vom Ostseeküstenradweg z. B. unter *#ostseeküstenradweg* bei Twitter. Ausleihen kann man Räder (auch mit Kinder- oder Hundehänger, Kindersitz und als E-Bike) so gut wie überall, einige Verleihe bieten auch einen Pannendienst an.

REITEN

Auf dem Pferd den Strand entlanggaloppieren ist der Traum vieler Gelegenheits- und Profireiter. Die Angebote an der Küste reichen von Tagesausritten zu eben so einem Traumstrand bis zu mehrtägigen Wandertouren. Du kannst dein eigenes Pferd mitbringen und in Gastboxen unterstellen. Und klar, wer's bisher noch nicht gelernt hat, kann Reitstunden nehmen. Einen guten Überblick über die Angebote findest du unter *reiten-in-mv.de*.

SEGELN

Die große Freiheit: mit einer Yacht von Hafen zu Hafen tingeln. Um ein Boot zu leihen, musst du natürlich segeln können, die meisten Vercharterer wollen auch einen Sportbootführerschein sehen. Auch wenn die Ostsee (fast) keine Gezeiten hat, ist das Revier nicht zu unterschätzen. Zum Beispiel weil im Greifswalder Bodden bei Ostwind eine steile Welle steht oder wegen der vielen Flachs überall an der Küste. Im westlichen Teil sind die Entfernungen zwischen den Häfen zum Teil recht weit. Dann lohnt zur Überbrückung ein Abstecher an die dänische Küste. Infos zum Segeln, zu Segelschulen und -kursen unter *short.travel/omv20* und *short.travel/omv21*.

SURFEN, KITESURFEN, WELLENREITEN

Spots zum Surfen, Jollensegeln, Wellenreiten und Kiten liegen dicht nebeneinander. Auf Rügen gibt es mit Neu Mukran ein Wellenrevier, wo auch mal eine Zwei- bis Drei-Meter-Welle steht. Ein paar Kilometer weiter, im Greifswalder Bodden, liegen gute Stehreviere, flache und geschützte Spots zum Üben von Tricks.

Sportgerät und Verkehrsmittel Nummer eins ist an der Küste das Fahrrad

Die abwechslungsreiche Boddenlandschaft lässt sich gut im Pferdesattel erkunden

Wer eine Entscheidungsgrundlage für den Surf- oder Kiteurlaub braucht, findet auf der Seite *surflocal.de* etwa 100 Spots, die vier leidenschaftliche Surfer aus MV nach Revier, Wasser- und Windbedingungen und Infrastruktur bewertet haben. Hier gibt es auch Infos zu Wassersportschulen und Green Surfing – umweltfreundlichem Surfverhalten.

TAUCHEN

Auch ohne exotische Fische und Korallenbänke ist Tauchen in der Ostsee ein Abenteuer: wegen der vielen Wracks, die an der flachen Küste auf Grund liegen. Beim Wracktauchen geht es weniger um geheime Schätze als um den historischen Schauer. Auch Seegraswiesen sind schön zum Abtauchen. Anfänger lernen in der Tauchbasis erst mal, wie es geht. Wenn du dir nicht sicher bist, ob Tauchen etwas für dich ist, buch erst mal eine Schnupperstunde. Infos zu Tauchspots unter *short.travel/omv22*, zu Tauchschulen unter *short.travel/omv23*.

WANDERN & PILGERN

Die meisten Wanderrouten sind auch für Untrainierte kein Problem. Oft ist der nahe liegende Wanderweg einfach der Strand und das Wellenrauschen der Soundtrack dazu. Die schönsten Wege findest du im Nationalpark Vorpommersche Boddenlandschaft auf dem Darß und auf Rügen. Ingo Gudusch aus Spandowerhagen bei Usedom gibt auf seiner Website *kanuhof-spandowerhagen.de* Wandertipps und macht Tourenvorschläge. Wenn es dir auch um den spirituellen Aspekt geht, dann pilger auf der *Via Baltica*. Der baltisch-westfälische Jakobsweg führt entlang der Ostseeküste. Infos unter *kirche-mv.de*.

DIE REGIONEN
IM ÜBERBLICK
DANMARK
FISCHLAND, DARSS, ZINGST S. 68
ROSTOCK UND UMGEBUNG S. 54
Ribnitz-Dam
Mecklenburger Bucht
Wo du die Küste oft für dich allein hast
Rostock
Wismar
Metropole mit S-Bahn zum Meer
DEUTSCHLAND
WISMAR UND DIE WISMARBUCHT S. 38
Elbe
20 km
12.43 mi

Ostsee
Groß(artig)e Insel voller Wahnsinnsan- und -ausblicke
RÜGEN, HIDDENSEE, STRALSUND S. 84
Seebrücken, Strandkörbe und wildes Hinterland
Stralsund
rten
Greifswalder Bodden
Pommersche Bucht
DEUTSCHLAND
Greifswald
Halbinsel mit windschiefen Kiefern und rufenden Kranichen
Świnoujście (Swinemünde)
Stettiner Haff
USEDOM, GREIFSWALD, LASSANER WINKEL S. 102
POLSKA
Oder

WISMAR UND DIE WISMARBUCHT

GANZ SCHÖN RUHIG

Zwischen Lübeck und dem Salzhaff liegen Buchten ohne Kurtaxe, Surferstrände und eine der schönsten Städte im Nordosten.

Wismar thront mit seiner Weltkulturerbe-Altstadt wie eine Königin an der westmecklenburgischen Küste. Und degradiert schon seit dem Mittelalter alles andere kurzerhand zu Hinterland. Zu sehr schönem Hinterland allerdings. Rund um das Seebad Boltenhagen und die kleine Stadt Klütz hat sich eine alternative Urlaubsszene ent-

Belohnung für Frühaufsteher: der Sonnenaufgang über dem Breitling vor der Insel Poel

wickelt mit Bioläden und -hotels, Kleinkunst und Höfen. Auch auf die Insel Poel reisen Urlauber, die mehr Lust auf Strandspaziergang als auf Stranddisco haben. Vor allem im Juli und August geht es am Salzhaff ein bisschen lauter, aber immer noch entspannt zu. Kitesurfer haben die Wassersportorte Boiensdorf, Pepelow und Rerik in den letzten Jahren für sich entdeckt und in Besitz genommen.

WISMAR UND DIE WISMARBUCHT

MARCO POLO HIGHLIGHTS

★ **SCHLOSS BOTHMER**
Barocke Pracht – mit Wassergraben und Alleen ➤ S. 44

★ **ALTER HAFEN WISMAR**
Schöne Blicke und Geschichte zwischen Speicher und Segelyachten ➤ S. 47

★ **KLÜTZER WINKEL**
Ruhe und viel selbst gemachte Kultur gibt es rund um das Städtchen Klütz ➤ S. 43

★ **MARKTPLATZ WISMAR**
Historische Schauer im Unesco-Weltkulturerbe ➤ S. 46

Übers Wasser laufen – und zwar sehr weit – kannst du auf der Boltenhagener Seebrücke

BOLTEN-HAGEN

(D6) **Ganz Boltenhagen (2500 Ew.) passt zwischen zwei Straßen: die Strandpromenade, die eigentlich eine Allee ist, und die Mittelpromenade mit Läden, Restaurants und Hotels. Der Badetourismus hat hier Tradition: Boltenhagen ist nach Heiligendamm das zweitälteste Seebad in Mecklenburg-Vorpommern.**

Zum Ort gehört auch *Tarnewitz*, eine künstliche Insel, auf der zur NS-Zeit geheime Militäraktionen durchgeführt wurden und die nach dem Zweiten Weltkrieg das DDR-Militär übernahm. Wo mal Marineschiffe festmachten, liegen nun Yachten und drumherum entstand ein Hotelkomplex.

ESSEN & TRINKEN

KLEINE BÜDNEREI

Wirsing mit Zanderfilet, dazu Salat mit Wasabisauce: Die Büdnerei kombiniert – sehr gelungen – regionale und internationale Zutaten. Donnerstags Barbecue auf der Gartenterrasse. *Tgl. | Mittelpromenade 33 | Tel. 038825 3 78 03 | kleinebuednerei.de | €€*

CAFÉ LINDQUIST

Her mit den Zimtschnecken! Pia Lindquist lässt dich an alten finnischen Familienrezepten teilhaben. *Mi geschl. | Mittelpromenade 36 | cafe-lindquist.de*

SPORT & SPASS

BUDDELSCHIFF-WORKSHOPS

Unendlich geduldig ist Jürgen Kubatz, Buddelschiffbaumeister aus Boltenhagen: „Damit die Buddelschiffbauer am Ende auch wirklich stolz sein und anderen erklären können, wie das Schiff in die Flasche kommt, lasse ich sie fast alles selber machen", sagt er. Ab 8 Jahren, Termin vorher vereinbaren. *Ab 15 Euro | Ostseeallee 23 | Tel. 038825 2 90 62*

WANDERUNG NACH STEINBECK

Eine Wanderung an den Stränden und Steilküsten rund um Boltenhagen ist Pflicht. Ungefähr 7 km sind es nach *Steinbeck*, wo du im *Steinbecker Hofladen (Mitte März–Anf. Nov. tgl., sonst Mi–So | steinbecker-hofladen.de)* den Rucksack mit Fleisch, Wurst, Marmelade, Eiern füllen kannst. Wenn du mit dem Essen nicht bis zu Hause warten willst, gönn dir im Hofladen Kaffee und Kuchen.

AUSGEHEN & FEIERN

ZUM KLAUSNER

INSIDER-TIPP
Wumms in der Hütte

Hier gibt es nicht nur gutes Bier aus aller Welt, sondern auch Einheimische zum Anfassen oder besser nur Ansprechen. Unbedingt kommen, wenn Bands spielen. Nicht nur, aber besonders dann ist diese Kneipe wunderbar laut. *Tgl. | Tarnewitzer Str. 18*

STRÄNDE

Seebadatmo auch am *Strand von Boltenhagen*. Freier Blick auf den Horizont, Strandkörbe, Seebrücke und vor den Dünen ein ordentlicher Kurpavillon: alles, was ein Seebad braucht …

RUND UM BOLTENHAGEN

1 STEINZEITDORF KUSSOW

13 km / 15 Min. von Boltenhagen mit dem Auto

Elende Plackerei! Nach einem Besuch im Steinzeitpark bist du voller Respekt für unsere Vorfahren. In diesem Freilichtmuseum ist alles zum Anfassen: von den Steinzeitwerkzeugen über 10 000 Jahre alte Getreidesorten bis zu alten Haustierrassen. Zudem kannst du beim Schauweben und -töpfern zusehen – oder mitmachen. *April–Okt. tgl. 10–17, Nov.–März Mo–Fr 10–15 Uhr | Eintritt 4 Euro, Kinder 2,50 Euro | steinzeitdorf-kussow.de | 1,5 h | C6*

KLÜTZ

(C6) **Winzig, aber lebendig ist Klütz (3100 Ew.), das Zentrum des ★ Klützer Winkels, eines Dreiecks zwischen Wismar, Boltenhagen und Lübeck.**

Städtchen und Umland sind touristisch angenehm halb erschlossen und lassen Platz für kleine Läden und Cafés, für Strände, an denen Hunde ohne Leine rumtollen und es weder bewachte Abschnitte noch Strandkörbe gibt. Alles ganz entspannt, das gilt auch für die Beziehung zwischen Urlaubern und Einheimischen.

Kommt dir englisch vor? Blenheim Castle war Vorbild für Schloss Bothmer

SIGHTSEEING

LITERATURHAUS UWE JOHNSON

Uwe Johnsons Werk (u. a. der Romanzyklus „Jahrestage") ist keine ganz leichte Kost, deshalb fungiert das Literaturhaus auch ein bisschen als „Übersetzungshilfe". Nach einem Besuch in dem umgebauten Getreidespeicher, der auch eine Bibliothek und die Stadtinformation beherbergt, verstehst du ihn sicher (noch) besser. *April–Okt. Di–So 10–17, Nov.–März Mi–Sa 10–16 Uhr | Eintritt 3,50 Euro | Im Thurow 14 | literaturhaus-uwe-johnson.de | 1 h*

SCHLOSS BOTHMER ★

Ein Silberschatz, vergraben im Park! Klingt wie ein Kindertraum, ist aber wahr: Die letzten adeligen Schlossbewohner hatten das Silber nach dem Zweiten Weltkrieg vor der Flucht in den Westen vergraben. Schau mal nach, welche Geheimnisse das Anwesen noch birgt, und spazier zwischen den Lindenalleen herum und über den Wassergraben. *Juli, Aug. tgl. 10–18, Mai, Juni, Sept. Di–So 10–18, April, Okt. Di–So 10–17, Nov.–März Fr–So 11–15 Uhr | Eintritt 6 Euro | Am Park | schlossbothmer-mv.de | 1,5 h*

ESSEN & TRINKEN

CAFÉ MILUH

Das Café Miluh hat das Potenzial, dein zweites Zuhause zu werden: Kinder spielen mit der Kinderküche oder draußen im Sandkasten, Erwachsene essen in Ruhe Kuchen und kleine Speisen, Touristen treffen auf den Klützer Skatclub. Immer am Donnerstagabend kommen Musiker aus der Region zu einer Session („Tönen und Klönen") zusammen. Auch am Wochenende stehen die Chancen auf Kino, Livekonzerte oder Partys gut. *Mai–Sept. Mo, Di geschl., Okt.–April auch Mi | Lübecker Str. 3 | Tel. 038825 37 12 66 | alte-molkerei-kluetz.de | €*

INSIDER-TIPP
Die Provinz lebt

SHOPPEN

ALTE MOLKEREI KLÜTZ

Kapuzenpullis und Ölgemälde: In zwei *Galerien* verkaufen Künstlerinnen und Künstler ihre Zeichnungen, Klamotten, Fotografien, Gefilztes, Geschmiedetes, Keramik und Schmuck. Apfelsaft und -schnaps (und andere Obstprodukte) mosten und brennen Johann Volk und sein Team in der *Klützer Mosterei und Brennerei*. Der größte Teil der Früchte kommt von der Streuobstwiese hinterm Schloss Bothmer. Prost! *Mo geschl., Nov.–März auch Di, Mi | Lübecker Str. 3 | alte-molkerei-kluetz.de*

SPORT & SPASS

DE LÜTT KAFFEEBRENNER

Jo. Das ist 'ne echte Kaffeefahrt. Der Kaffeebrenner, ein alter Dampfzug, zuckelt zwischen Klütz und Reppenhagen hin und her. Und pfeift und dampft. *April–Okt. tgl. 11, 12, 14 Uhr | einfache Fahrt 10 Euro | stiftung-deutsche-kleinbahnen.de*

RUND UM KLÜTZ

2 STRAND STEINBECK

7 km/10 Min. von Klütz mit dem Auto

Steine werfen, einsames Nachtschwimmen, Hundespaziergänge auf der Steilküste: einer der schönsten Naturstrände der Küste. *C6*

3 FEUERWEHRHAUS DAMSHAGEN

5 km/6 Min. von Klütz mit dem Auto

Weil Frühstück eh die beste Mahlzeit des Tages ist, kriegst du das hier (neben anderen Kleinigkeiten) den ganzen Tag lang. Das französische mit Croissant und Obst passt auch noch am Nachmittag. *Tgl. | Klützer Str. 5 | Damshagen | Tel. 038825 267174 | altes-feuerwehrhaus.com | €€ | C6*

4 GUTSHAUS STELLSHAGEN

10 km/8 Min. von Klütz mit dem Auto

Ayurvedamassagen, chinesische Medizin und Sauna: Gibt's im Gutshaus nach telefonischer Anmeldung auch für Nicht-Hotelgäste. *Lindenstr. 1 | Stellshagen | Tel. 038825 440 | gutshaus-stellshagen.de | C6*

5 LEONORENWALD

6 km/14 Min. von Klütz mit dem Auto

Zwei nordamerikanische Mammutbäume stehen etwas verloren neben Buchen und Fichten. Aber auch ohne diese Quasi-Wahrzeichen würde sich jede Wanderung durch das Grün lohnen. Bewaldete Hügel, quakende Frösche, Senken mit Eschen und Erlen. Artenreichtum, umgeben von Agrarindustrie: Der Wald ist eine grüne, feuchte Insel inmitten von Raps- und Maisfeldern. *C6*

6 HOF HOHER SCHÖNBERG

6 km/7 Min. von Klütz mit dem Auto

Bloss nicht mit viel Hunger kommen! Sonst gehst du hinterher mit einer Wagenladung an Ziegen- und Schafsmilch, Ölen, Rosenpflanzen, frisch geerntetem Obst und Gemüse. All das wird auf dem Biohof produziert und verkauft. Bleib nach dem Einkauf noch eine Weile und streichle Katzen, sieh nach den Rindern und Schweinen und

Der Alte Schwede am Marktplatz ist ein Haus, und zwar das älteste in Wismar

schau von der Aussichtsplattform über die Bucht. *Tgl., Nov.–April So geschl. | Kalkhorster Str. 37 | Hohen Schönberg | hofhoherschoenberg.de | 🕮 C6*

WISMAR

(🕮 E6–7) **Das ist die Stadt der Nackenstarre. So einnehmend schön sind Wismars mittelalterliche Fassaden und Kirchtürme, dass man den Blick gar nicht senken mag.**

Wismar (42 000 Ew.) liefert sich mit Stralsund ein Kopf-an-Kopf-Rennen um die schönste Altstadt. Beide haben seit 2002 Weltkulturerbestatus. All die mittelalterlichen und klassizistischen Bürgerhäuser in den Straßen und Gassen rund um den Marktplatz und der Hafen mit dem Wassertor und der Hansekogge an der Pier schaffen eine atmosphärisch dichte Kulisse für einen Stadtspaziergang. Die Stadt war ab dem 13. Jh. Mitglied der Hanse, gehörte lange Zeit zu Schweden, hatte in der DDR-Zeit eine leistungsfähige Werft und lebt heute auch von Touristen.

SIGHTSEEING

KIRCHEN

Alle vier sind aus Backstein, alle sind verschieden: Von der *Marienkirche (April–Sept. tgl. 9–17, Okt.–März 10–16 Uhr, Turmbesteigung bis eine Stunde vor Schließung | Eintritt frei, Führung 3 Euro)* steht nur noch der Turm, die *Heilig-Geist-Kirche (Mai–Sept. tgl. 10–18, Okt.–April 10–16 Uhr | Führungen auf Anfrage: Tel. 03841 28 35 28)* besitzt schöne Deckenmalereien, die *Nikolaikirche (Mai–Sept. tgl. 10–20, April, Okt. 10–18, Nov.–März 11–16 Uhr | Führungen nach Absprache per Mail: wismar-nikolai@elkm.de)* ist der Riese, der alle überragt. Und die gerade erst wieder aufgebaute *Georgenkirche* fungiert als Bühne für Konzerte und Theateraufführungen. Auf ihre *Aussichtsplattform (April–Sept. tgl. 9–17, Okt.–März 10–16 Uhr | Eintritt 3 Euro | St.-Georgen-Kirchhof 1a)* kommt man auch mit einem Fahrstuhl.

MARKTPLATZ ★

Die *Wasserkunst*, gebaut im Stil der Niederländischen Renaissance, sollte mal die Wasserversorgung der Stadt

sicherstellen. Dazu kam es nie, stattdessen ist sie heute ein Wahrzeichen der Stadt. So weiß, dass es fast in den Augen wehtut, strahlt das klassizistische *Rathaus* am Marktplatz, der übrigens der größte Norddeutschlands ist.

ALTER HAFEN ★

Im Alten Hafen erinnern Speichergebäude und das *Baumhaus* an die Zeiten, in denen der Hafen ein Umschlagplatz für Waren war. Das ist er heute nur noch an Sonntagen, wenn Fischmarkt ist. Früher wurde der Hafen mit einer Kette, die bis zum anderen Ufer reichte, abgesperrt. Das „Baum" im Baumhaus kommt daher, weil die Kette mal die Funktion eines Schlagbaums hatte. Vor dem Baumhaus stehen heute die Nachbauten zweier *Schwedenköpfe*. Und die Originale? Sind im Schabbellhaus. Wenn du um das Technologiezentrum herumspazierst, erwischt dich ein schöner Blick von der Kaikante auf Wendorf und Strand. Und natürlich ist der Hafen auch ein guter Ort für einen Kaffee oder Tee an der Pier.

SCHABBELLHAUS

Zwei mumifizierte Hände, die im Mittelalter einem Mordopfer abgenommen wurden, sind das gruseligste Ausstellungsstück. Aber das Schabbellhaus (der Renaissancebau selbst ist schon ausstellungswürdig) zeigt auch harmlosere Objekte zur Stadtgeschichte und wurde vor Kurzem komplett modernisiert. Mit vielen Mitmachstationen und 👪 Familienführung. *Di–So 10–18 (Nov.–März bis 16) Uhr, Juli, Aug. auch Mo | Eintritt 8 Euro,*

Kinder (bis 14 J.) frei | Schweinsbrücke 8 | schabbellhaus.de | 2 h

POELER KOGGE

Bei einer Ausfahrt der Wissemara stehst du an Bord und fühlst dich wie ein Hansekaufmann beim Aufbruch zu einer ungewissen Handelsreise, denn das Schiff ist der Nachbau einer Kogge aus dem 14. Jh., damals ein hochmodernes Frachtschiff. *Besichtigung tgl. nach Anmeldung, Mai–Okt. regelmäßige Fahrten | Eintritt frei | im Alten Hafen | Tel. 03841 30 43 10 | poeler-kogge.de | 0,5 h*

ESSEN & TRINKEN

ALTER SCHWEDE

Das älteste Haus der Stadt ist auch deswegen besonders, weil noch vor der Wende Wismarer Bürger die Sanierung gerockt haben. An der Decke hängen Schiffsmodelle, im Winter brennt ein Feuer im Kamin, und das Essen ist eine Mischung aus mecklenburgischer (Rippenbraten) und schwedischer (Graved Lachs) Küche. *Tgl. | Am Markt 22 | Tel. 03841 28 35 52 | alter-schwede-wismar.de | €€*

CAFÉ GLÜCKLICH

Frau Glücklich backt und backt … und man glaubt ihr gern, dass sie damit sich selbst und andere glücklich machen will. Deshalb solltest du unbedingt hier frühstücken. Oder Kaffee trinken. Oder essen – es gibt auch ein veganes und ein Bioangebot. Aber auf jeden Fall den Kuchen probieren! *Tgl. | Schweinsbrücke 7 | Tel. 03841 7 96 93 77 | €€*

Schuppig-bunte Hingucker sind Schmuckstücke aus Fischleder

SHOPPEN

RAMONA STELZER DESIGN

Ohrstecker aus Schollenleder, ein Anhänger aus Rochenhaut, Manschettenknöpfe vom Stör. Ramona Stelzer verarbeitet in ihrem Schmuck gegerbte Fischhäute: abgefahren, aber stilvoll. *Krämerstr. 21 | ramonastelzer design.com*

SPORT & SPASS

STADTFÜHRUNG SOKO WISMAR

Wo lag die Leiche? Mit welchem Bus fuhr der Kommissar? Neben historischen Stadtführungen hat die *Tourist-Information (Lübsche Str. 23a | Tel. 03841 22529-121 | wismar.de)* auch eine Führung für Fans der Krimiserie SOKO Wismar im Programm. *März–Okt. Fr 16 Uhr*

INSIDER-TIPP Für Krimi-Junkies

AUSGEHEN & FEIERN

KAIBAR

Wenn irgendwo so richtig Hafenflair ist, dann im „Kai", wo echte Einheimische erst Kaffee trinken, dann Spaghetti mit Pesto und danach Gin Tonic bestellen. Und weiter sitzen bleiben. Immer spielt Musik, manchmal auch live. Einfach mittanzen. *Alter Holzhafen 3*

INSEL POEL

(D-E 5–6) **Du wolltest gar nicht nach Poel (2500 Ew.)? Macht nichts, fahr doch trotzdem mal über den Damm auf die Insel. Dann kannst du ja wieder umdrehen.**
Sonst verpasst du diesen Blick: Salzwiesen, auf denen Pferde grasen, dazwischen Wasserflächen. Abgesehen davon hat Poel viele Strände, viel Natur und, klar, auch ein paar Dörfer.

SIGHTSEEING

INSEL-POEL-RUNDFAHRT

Der kleine Bus (Abfahrt am Hafen in Kirchdorf) fährt auch Orte an, die für alle anderen gesperrt sind. Anekdoten und Wissenswertes über die Insel machen die 90 Minuten Fahrt rund um Poel extraspannend. *April–Okt. Di–Sa 10.30, 12, 13.30, 15 Uhr, Anmeldung bis 9.15 Uhr | 9 Euro | Tel. 03841 790442 | insel-poel-rundfahrten.de*

SCHAUGARTEN

Kostet nichts, sieht toll aus und duftet: Im Schaugarten der Hochschule Wismar wachsen über 500 Nutzpflanzen. Was heilt, was würzt und weche Pflanzen haben eine andere Superpower? Das kannst du hier rausfinden. *Tgl. 10–18 Uhr | Malchow | short.travel/omv14*

ESSEN & TRINKEN

CAFÉ FRIEDA

Die Frieda finden alle toll. Besonders lecker: Apple-Crumble mit Sahne *und* Eis. Der Kaffee ist fair gehandelt und ökologisch produziert. An der Wand hängen Bilder von Poeler Künstlern. *Tgl. | Oertzenhof 4 | Kirchdorf | cafe-frieda.de*

ZUR INSEL
Hausmannskost in fünfter Generation – konkret: große Portionen Bratkartoffeln, Fisch und Fleisch. *Tgl. | Wismarsche Str. 19 | Kirchdorf | Tel. 038425 4 26 15 | gasthauszurinsel.de | €€*

SPORT & SPASS

KANUTOUR
Armmuskelkater! Das ist die Belohnung für eine Tagestour im Kanu rund um Poel. 28 km musst du paddeln. Aber dafür gibt es vermutlich keine schöneren Blicke auf Insel, Strände und Steilküste. Wenn du eine Pause brauchst, ziehst du das Kanu an Land und gehst baden. Klingt zu anstrengend? Kürzere Strecken und andere Reviere gehen auch. *Kanuverleih: Lotsenstieg 25 | Timmendorf | mobil 0172 2 68 84 69 | wassersport-insel-poel.de*

STRÄNDE

TIMMENDORFER STRAND
Der belebteste Strand der Insel mit weißem Sand und wunderschönen Dünen.

BOIENSDORFER WERDER/SALZHAFF

(E5) **Weil Wassersportler die flache Küste des Boiensdorfer Werders und des Salzhaffs lieben, haben sich die Dörfer Boiensdorf (520 Ew.) und Pepelow (500 Ew.) zu Hotspots für Surfer und Kiter entwickelt.**

SIGHTSEEING

NEUBURGER KIRCHE
Die Kirche ist aus dem frühen 13. Jh. und eine der ältesten in Mecklenburg. Um sich die aufwendige Ausmalung im Kircheninneren anzusehen – und das solltest du –, brauchst du den (riesigen!) Schlüssel. Den gibt es neben gutem Blechkuchen in der Bäckerei nebenan. Und daneben eine Rarität: einen echten Dorfladen! *Neuburg | 0,5 h*

ESSEN & TRINKEN

CAFÉ SABÖ
Hoch her geht es hier im Frühjahr, wenn die Sandmanns ihren Spargel ernten, im Hofladen verkaufen und im Café servieren. Aber auch im Rest des Jahrs bekommst du Spezialitäten vom Hof und aus der Region. *Tgl., 24.12.–31.1. geschl. | Dorfstr. 16 | Nantrow | Tel. 038426 22 79 97 | saboe.de | €€*

SPORT & SPASS

KITESURFSCHULE
Beste Voraussetzungen für Surfer und Kiter und alle, die es in diesem Urlaub werden wollen: eine Kitesurfschule mit Campingplatz. In Kursen und Camps, über Einzel- und Kleingruppenunterricht können sie den Um-

Schützen vor Sonne, Wind und zu viel Nähe: Strandkörbe am Timmendorfer Strand

gang mit Brett und Segel erlernen und vertiefen. *Seeweg 1 | Pepelow | Tel. 0381 46 07 70 71 | kitesurfers.de*

SAN PEPELONE

In dem Surf- und Kitedorf können auch Externe Wassersport machen oder Equipment ausleihen. *Sandweg 1 | Pepelow | Tel. 038294 1 42 03 | san-pepelone.de*

RERIK

(□ E5) **Das ist doch eine Insel! Oder? Rerik (2100 Ew.) liegt teilweise auf einer schmalen Landzunge zwischen dem Festland und der Halbinsel Wustrow.**

Wegen des ⚑ Wassers von zwei Seiten (Ostsee auf der einen, Salzhaff auf der anderen) ist der Ort bei Wassersportlern extrem beliebt. Und bei Fossiliensammlern, die unterhalb der Steilküste glücklich werden. Alle anderen können sich an Sandstrand, Strandkörben, Eis- und Fischverkäufern sowie der Seebrücke erfreuen. Den Ort auf der Landzunge solltest du unbedingt von oben betrachten: von den Dünen oder vom Aussichtspunkt *Schmiedeberg* aus.

SIGHTSEEING

HEIMATMUSEUM

Acht Großsteingräber liegen rund um Rerik. Die Grabbeigaben daraus, Feuersteinbeile und Pfeilspitzen, liegen nun in diesem Museum. Neben den ur- und frühgeschichtlichen Stücken findest du dort aber auch aktuellere Exponate. Einen Strandstuhl von ca. 1900 beispielsweise, in dem man garantiert nicht braun wurde. Übrigens:

In Wirklichkeit ist er noch schöner, der Blick vom Schmiedeberg auf Rerik

Die beste Führung zu den *Großsteingräbern* gibt jeden Donnerstag ab 10 Uhr Museumsleiter Thomas Köhler. *Mitte Mai–Mitte Sept. Di, Mi, Fr 10–12 u. 14–17, Do, Sa, So 14–17 Uhr, im Winter eingeschränkt | Eintritt 2 Euro | Dünenstr. 4 | short.travel/omv10 | 1 h*

ESSEN & TRINKEN

ERLEBNISRÄUCHEREI SCHELLER

Erst holt Roland Scheller seine Netze ein, dann räuchert er den Fang. Schau ihm dabei zu (manchmal singt ein Shantychor, während der Stellnetzfischer arbeitet), iss gleich im Lokal und nimm dir auch etwas Räucherfisch für den nächsten Tag mit nach Hause. *April–Okt. Di–So ab 10 Uhr | Am Dolmen 3 | mobil 0174 9 79 67 04 | erlebnisraeucherei-scheller.de | €*

SPORT & SPASS

OSTSEEBASIS RERIK

Keine Korallenriffe. Aber Seegraswiesen, Findlinge, Schiffswracks. Und Seesterne, Seeanemonen, Steinbutte. Von der Ostseebasis geht's mit Booten zu den Tauchplätzen. Wenn du ihn noch nicht hast, machst du erst mal den Tauchschein. Unter Wasser erschließt sich dir eine komplett neue Landschaft, nicht exotisch, aber trotzdem schön. *Meschendorfer Weg 1 | Tel. 038296 7 05 51 | ostseebasis.de*

SEGELSCHULE TORSTEN CHUDZIK

Klar zur Wende! Torsten Chudzik hat seine Schüler vom Motorboot aus gut im Blick. Bei ihm kannst du alle möglichen Segelscheine machen. Für Senioren, die immer schon vom Segeln geträumt haben, gibt's Spezialangebote. *Haffstr. 6 | mobil 0162 2162466 | segelschule-rerik.de*

SURFEN UND KITEN

Flaches Wasser und kaum Welle: Das Salzhaff ist perfekt, um surfen zu lernen. Ob der Sport mit Brett und Segel was für dich ist, findest du bei der *Surfschule Rerik (Straße am Haff | mobil 0173 2432501 | surfschule-rerik.de)* schnell raus: Ein Schnupperkurs im flachen, durch die Halbinsel Wustrow geschützten Wasser dauert nur zwei Stunden. Auch Kiten lernt sich besser im flachen Wasser. Wellen sind erst was für später, draußen auf der Ostsee, wenn du den Dreh raushast. Anbieter: *Oceanblue Watersports (mobil 0152 02709161 | oceanbluewater sports.de)*.

RUND UM RERIK

7 WUSTROW

7 km/23 Min. von Rerik mit dem Auto

Betreten verboten! Weil ein Großinvestor die Halbinsel zubauen wollte, kündigte die Stadt Rerik 2005 an, die Durchfahrt nach Wustrow zu untersagen. Im Gegenzug sperrte der Investor verärgert die Insel für die Öffentlichkeit. Aber: Inzwischen sind Kutschfahrten und geführte Wanderungen möglich *(short.travel/omv42)*. Oder du betrachtest Wustrow vom Wasser aus. Bei *Auto-Boot Rerik (Juni–Sept. tgl. 10–18 Uhr | Salzhaff-Parkplatz Wustrower Hals | mobil 0175 1705951 | auto-boot-rerik.de)* kannst du für den Blick auf die „verbotene Insel" für ein paar Stunden Ruder-, Tret-, Segel- und Motorboote ausleihen. *E5*

SCHÖNER SCHLAFEN IN WISMAR UND DER WISMARBUCHT

AUSSTEIGER AUF ZEIT

Drei Wagen hat Jochen Henkels auf einer Obstbaumwiese für Feriengäste ausgebaut. Frühstücken kannst du auf einer Holzterrasse, oben zwischen den Wipfeln der Apfelbäume. Dank Wasserholen, Holzhacken und wackeligen Telefonnetzes kommst du in *Uanqui Beach (Dorfstr. 43 | 9 km nordwestl. von Klütz | mobil 0172 4558697 | uanquibeach.net | €€ | C6)* für ein paar Tage ganz schnell ganz weit aus deinem Alltag raus.

EINFACH MAL LIEGEN BLEIBEN

Rund um den gepflegten Gutspark des *Herrenhauses Büttelkow (3 Suiten, 2 Fwg. | Tel. 038294 13342 | buettelkow.de | € | E5)* rauschen hohe Bäume. Vielleicht fühlt man sich deshalb so geborgen. Und kann den ganzen Tag auf der Sonnenliege verbringen. Oder den Kunstlehrpfad erwandern, mit dem Künstler-Gastgeber vor der Staffelei stehen oder auf einem benachbarten Hof in der Gärtnerei mithelfen. Nur Fernsehen gibt's nicht.

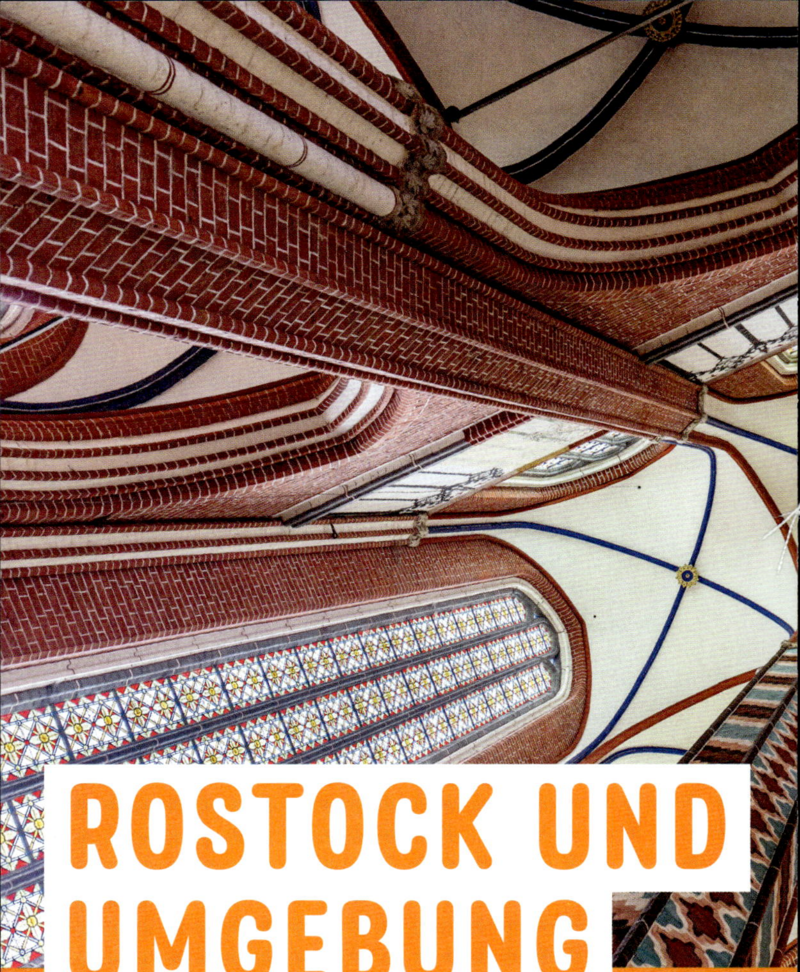

ROSTOCK UND UMGEBUNG

RUND UM DIE HEIMLICHE HAUPTSTADT

Ganz schön viele Superlative: Kühlungsborn ist das größte, Heiligendamm das älteste Seebad, und Warnemünde hat den größten Kreuzfahrthafen an der deutschen Küste.

Aber Rostock sticht alle: Die Stadt ist die größte des Bundeslands, heimliche Hauptstadt und strahlt wirtschaftlich und kulturell weit ins Umland aus. In Rostock gibt es Straßenbahnen, ein Szeneviertel und eine Universität. Clubs und Kinos, Cafés und Restaurants. Einen Zoo, junge Künstler und Unternehmen, einen großen Hafen, und

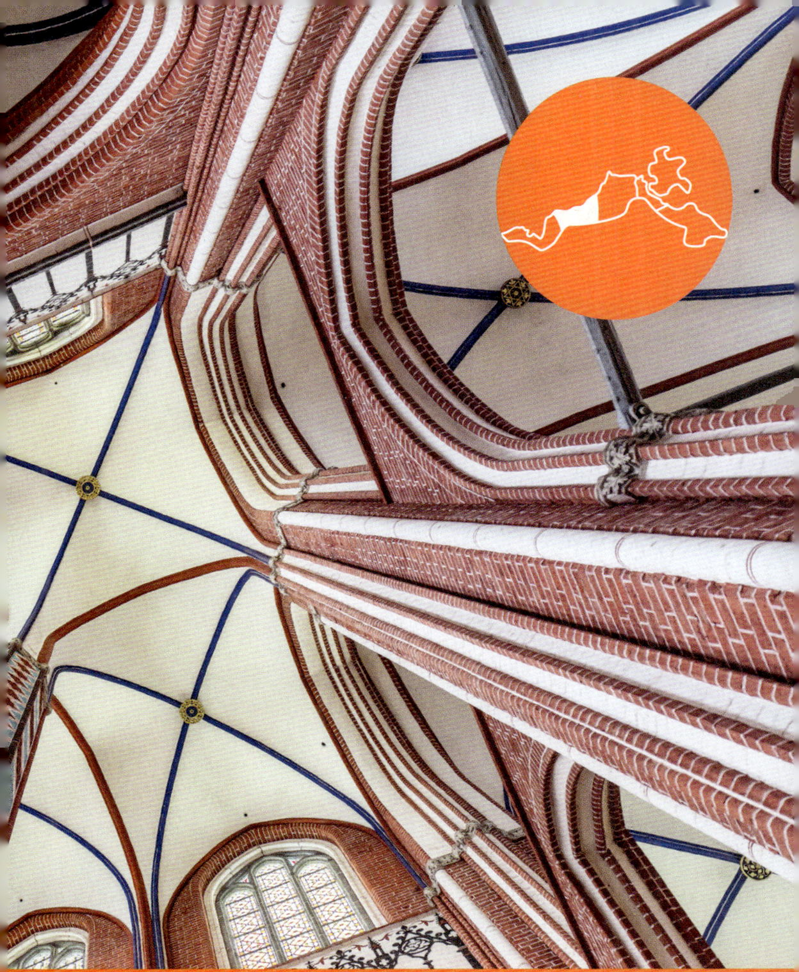

Im Bad Doberaner Münster bekommen nicht nur Kunstfans große Augen

der nächste Strand ist nie besonders weit. Das alles macht die Hansestadt nicht nur zur größten, sondern auch zur angesagtesten Stadt in Mecklenburg-Vorpommern. In den Badeorten drumherum, in Heiligendamm, Kühlungsborn oder Warnemünde, kannst du Seebadkultur erleben, den Tag im Strandkorb vertrödeln, surfen oder kiten lernen.

ROSTOCK UND UMGEBUNG

MARCO POLO HIGHLIGHTS

★ **MÜNSTER BAD DOBERAN**
Beeindruckende „Kreuzung" aus Backsteinkirche und Kathedrale ➤ S. 60

★ **HEILIGENDAMM**
Die Mutter aller Seebäder ➤ S. 60

★ **ASTRONOMISCHE UHR**
Zeigt seit über 500 Jahren zuverlässig Zeit, Mondphasen und Sternzeichen an ➤ S. 62

★ **ALTER STROM**
Maritimes Multikulti aus Kreuzfahrttourismus, Badegästen und Seehafen ➤ S. 66

Neuhaus
Müritz
4 Graal-Müritz
Graal
Hirschburg
Heiligensee
Gelbensande 5
B105
Strand vor der Hafeneinfahrt
Alter Strom
Warnemünde S. 65
Rövershagen
Blankenhagen
lmenhorst
B103
11 km, 20 Min.
Mönchhagen
Cordshagen
K10
B105
nnshagen
Poppendorf
B105
gen
Sievershagen
L22
Rostock S. 61
Astronomische Uhr
Thulendorf
Neu Roggentin
Broderstorf
Kessin
Teschendorf
A19
B103
Kritzmow
Warnow
Petschow
Niendorf
Bandelstorf
Gubkow
A20
Buchholz
Kavelstorf
Schwarzer See
Ziesendorf
Prisannewitz
3 km
1.86 mi

KÜHLUNGSBORN

(📖 F5) **Wo ist denn hier das Zentrum? Ein Ortsschild weist nach „Kühlungsborn-West", ein anderes nach „Kühlungsborn-Ost".**

Mit maximal 50 km/h dampft Molli zwischen Bad Doberan und Kühlungsborn

Der Grund: Den Ort *Kühlungsborn* (7800 Ew.) gibt es erst seit 1938. Die benachbarten Dörfer Arendsee und Brunshaupten waren durch die jährliche Urlauberschwemme so groß geworden, dass ihre Promenaden in der Mitte zusammenwuchsen und aus den miteinander konkurrierenden Orten schließlich einer wurde. Und zwar der einzige an der Küste mit einem großen Stadtwald, der die beiden einstigen Rivalen um die Touristengunst immer noch wie ein Puffer auseinanderhält.

SIGHTSEEING

OSTSEE-GRENZTURM

Hier packt er dich, der historische Schauer. Eine lebensechte Puppe in einem Ruderboot, Ausstellungsstücke und Begleittexte erinnern in dem kleinen Museum im ehemaligen Grenzturm daran, dass die Ostsee vor gut 30 Jahren noch eine Festung war und nur nach Freiheit aussah. Turmbesteigung über eine Leiter möglich. *Juni–Sept. Di, Fr 14–17 Uhr | Eintritt frei | ostsee-grenzturm.com | ⏲ 0,5 h*

MUSEUM ATELIERHAUS RÖSLER-KRÖHNKE

Anka Kröhnke stellt hier nicht nur ihre eigenen Arbeiten (vor allem Tapisserien) aus, sondern auch die Bilder ihrer Künstlerfamilie. Und setzt so ihren Eltern und Großeltern ein Denkmal. *Fr–So 11–13 Uhr | Eintritt 3 Euro |*

Schlossstr. 4 | museum-atelierhaus-roesler-kroehnke.de | ⏲ 1 h

ESSEN & TRINKEN

ALTE BÜDNEREI

Du sitzt zwischen Löwenzahn auf einem wackeligen Holzstuhl und schaust auf die Kühlung. Und auf grasende Pferde. Die Kuchen sind alle so gut, dass du keine Zeit mit Entscheidungsfindung verplempern, sondern einfach den Probierteller nehmen solltest. Mittagessen gibt es auch. Regelmäßig Kulturveranstaltungen, oft mit Buffet. *Tgl. 12–18 Uhr | Doberaner Landweg 8 | Tel. 038293 1 28 39 | altebuednerei.de | €*

INSIDER-TIPP
Keine Wahl, keine Qual

TILLMANN HAHN'S GASTHAUS

Tillmann Hahn bekochte 2007 beim G8-Gipfel die Chefs der wichtigsten Industrienationen. Dann machte er sich selbstständig und zaubert nun Leckeres aus regionalen, biologisch angebauten Zutaten, das du auch im (vorbestellten) Picknickkorb mit an den Strand nehmen kannst. *So–Di geschl. | Ostseeallee 2 | Tel. 038293 41 02 14 | villa-astoria.de | €€–€€€*

INSIDER-TIPP
Luxuspicknick mit Wellenrauschen

SPORT & SPASS

KLETTERWALD

Zwischen den Bäumen im Stadtwald sausen Menschen auf Surfbrettern und orangen Gummibällen in 10 m Höhe hin und her. Wem dabei noch der Adrenalinkick fehlt, der kann auch einen Basejump wagen. Abheben geht dagegen auf dem Bungee-Trampolin an der Seebrücke. Angebote für Kinder ab 3 Jahren. *Wechselnde Öffnungszeiten, siehe Website | Eintritt 23 Euro, Kinder 18 Euro | kletterwald-kuehlungsborn.de*

MOLLI

Weil sie faucht und pfeift, zuckelt und ruckelt, lieben alle Kinder die Bäderbahn Molli. Und die Erwachsenen auch. Die dampfbetriebene Schmalspur-Museumsbahn fährt zwischen Bad Doberan, Heiligendamm und Kühlungsborn. Die Fahrt ist ein ziemlich nostalgisches Erlebnis, und für manchen geht dabei ein großer Traum in Erfüllung: einmal beim Heizer und Lokführer im Führerhaus mitfahren *(nach Anmeldung | 40 Euro/Pers.). Fahrplan s. Website | Rückfahrkarte ab 10 Euro, Kinder ab 7 Euro, Familien ab 15 Euro | molli-bahn.de*

INSIDER-TIPP
Wie Jim Knopf bei Lukas, dem Lokomotivführer

STADTFÜHRUNGEN

Stadtführungen sind trocken und langweilig? Hier nicht! Der *Touristik-Service (Ostseeallee 19 | Tel. 038293 84 90 | kuehlungsborn.de)* hat ein breites Angebot an Führungen zur Auswahl, z. B. für Kinder, Natur- oder Geschichtsfreunde, und Stadtführerinnen und -führer, die daraus ein unterhaltsames Erlebnis machen: Der eine schnackt nur Platt, die andere macht nonstop Witze …

RUND UM KÜHLUNGSBORN

1 HEILIGENDAMM ★ ⚑

9 km/13 Min. von Kühlungsborn mit dem Auto

Erstaunlich klein, fast schon winzig ist das älteste Seebad Kontinentaleuropas (300 Ew.). Seit seiner Gründung 1793 war es immer ein Urlaubsort für die Reichen und Mächtigen. Insofern war auch die Wahl als Veranstaltungsort des G8-Gipfels 2007 stimmig, bei dem das Seebad gegen Demonstrationen massiv abgesichert wurde. Besonders schön: die weißen, klassizistischen Gebäude, zumeist Hotels, deretwegen Heiligendamm auch „Weiße Stadt am Meer" heißt, und der Strandwald. Wenn du stilecht essen willst: Gourmetmenüs serviert das Restaurant *Friedrich Franz (Tel. 038203 7400 | grandhotel-heiligendamm.de | €€€)* im Grandhotel. Was am Strand von Heiligendamm geht: Schwimmen vor der Kulisse der prächtigen weißen Villen. F5

2 BAD DOBERAN

15 km/20 Min. von Kühlungsborn mit dem Auto

Der Ort ist bekannt für sein ★ *Münster (tgl., Uhrzeiten s. Website | Eintritt 3 Euro, mit Führung 4 Euro | muenster-doberan.de | 1 h)*, die ehemalige Klosterkirche eines Zisterzienserklosters. Das Münster beeindruckt dich auch, wenn du kein Architektur- oder Kunstgeschichtsfreak bist. Es hat Ähnlichkeit mit einer Kathedrale, aber auch mit den Backsteinkirchen der Hansestädte. Am besten machst du eine Führung mit, um die vielen Besonderheiten nicht zu übersehen. Besonders toll ist das Angebot „Kinder führen Kinder" *(Sa 11 Uhr | 4 Euro, Kinder 1,50 Euro, Familien 8 Euro)*, auf das sich die 8- bis 15-jährigen Guides ein halbes Jahr vorbereitet haben. Egal ob es um den Hochaltar oder das Leben im Kloster geht, die Kinder bringen hier ihre eigenen Perspektiven in die Führungen ein.

Nebenan, im *Stadt- und Bädermuseum (Di–Fr 10–12 u. 13–17, Sa, So 10–17 Uhr | Eintritt 3 Euro | Möckelhaus | moeckelhaus.de | 0,5 h)* triffst du auf Zeugnisse der Entwicklung des Seebads Heiligendamm: einen Baumwollbadeanzug aus dem frühen 20. Jh., die Preisliste eines Hotels, alte Postkarten. Köstliches wie Rhabarberspritz und Erdbeertiramisu zum Nachtisch, Käseplatte, Flammkuchen oder Pasta davor gibt's im *Restaurant-Café Zikke (tgl. | Alexandrinenplatz 2 | Tel. 038203 64 94 70 | cafe-zikke.de | €€€)*. G5

3 KÜHLUNG

7 km/12 Min. von Kühlungsborn mit dem Auto

Die Kühlung ist „das da oben", ein bewaldeter Höhenzug, entstanden in der letzten Eiszeit. Mit Tälern, Schluchten und Wanderwegen. Von Kühlungsborn-Ost fährst du mit dem Auto auf die Schlossstraße Richtung Kröpelin, Parkplätze vor der Kühlung sind

ausgeschildert. Zu Fuß gehst du ab Kühlungsborn-Ost etwa eine halbe bis Dreiviertelstunde, um von oben den weiten Blick zu genießen. *F5*

ROSTOCK

(G–H 4–5) **Tataa! Rostock (206 000 Ew.) ist die einzige Großstadt in Mecklenburg-Vorpommern mit allem, was dazugehört: Kreuzfahrthafen, Flughafen, Universität, Kunst- und Kulturszene.**

Das etwas verschlafene Kleinstadtflair, das trotz unbestreitbarer Schönheit in vielen der kleineren Küstenorte steckt, pustet der Ostseewind ruck, zuck aus Rostocks Straßen. Darum solltest du den Aufenthalt hier auch ausgiebig zum Ausgehen, Essengehen und Feiern nutzen, z. B. in der Kröpeliner-Tor-Vorstadt, die sogar hier und da etwas Kiezhaftes hat. Aber vergiss bei aller Frische nicht, dass die Stadt eine lange Geschichte hat – 2018 wurde sie 800 Jahre alt.

SIGHTSEEING

NEUER MARKT

Vor bunten Giebelhäusern im Stilmix breiten die Marktleute täglich ihre Ware aus. Prächtigstes Gebäude am Platz ist das *Rathaus (Mo–Fr 8–16 Uhr)*, hinter dessen barocker Fassade ein gotischer Kern steckt. Um einen Eindruck vom Alter des Gebäudes (700 Jahre!) zu bekommen, am besten einen Blick ins Innere und auf die alten Backsteine werfen.

WOHIN ZUERST?

Mit den Straßenbahnlinien 5 und 6 sind es ab dem Hauptbahnhof nur drei Stationen bis zum **Neuen Markt**. Hier sind Marktplatz und Rathaus, ein guter Auftakt für einen Stadtbummel. Autofahrer folgen dem Parkleitsystem.

MARIENKIRCHE

Unbedingt reingehen: Kanzel, Altäre, Orgel und Taufbecken, sie alle sind einen Blick wert. Aber die ★ *astronomische Uhr* macht Gänsehaut. Sie ist von 1472, zeigt Tage, Mondphasen und Sonnenaufgangszeiten an, lässt zu jeder Stunde ein Glockenspiel erklingen und funktioniert immer noch (zum 800-jährigen Stadtjubiläum wurde eine neue Kalenderscheibe eingebaut). Komm am besten mittags, denn Punkt 12 Uhr öffnet sich eine Tür und sechs Apostelfiguren marschieren an Jesus vorbei, der die Hand zum Segen hebt. *marienkirche-rostock.de* | *0,5 h*

INSIDER-TIPP **Wenn es 12 Uhr schlägt …**

KULTURHISTORISCHES MUSEUM

Im Museum in den alten Klostermauern siehst du Stücke aus der Kunst- und Kulturgeschichte der Stadt wie Münzen oder Spielzeug, aber auch eine Ausstellung über die sogenannte entartete Kunst im Nationalsozialismus. Der *Klostergarten*, in dem abends häufig Konzerte stattfinden, ist nicht weit vom Stadtzentrum. Durchatmen! *Di–So 10–18 Uhr | Eintritt frei | Klosterhof 7 | kulturhistorisches-museum-rostock.de | 1 h*

PETRIKIRCHE

Der größte Schatz des Orts liegt oben. Mit dem Fahrstuhl kommst du auf die 45 m hohe Plattform des Turms *(Eintritt 3 Euro)*. Wenn du tiefer in die Geschichte des alten Gemäuers eintauchen willst: Mit Herrn Wegener *(Termin ausmachen unter mobil 0162 1710640)* kann man ab acht Personen vergessene Wendeltreppen und das Dach entdecken. Und noch ein Detail: Die Türgriffe der Petrikirche sind das Werk des Rostocker Bildhauers Jo Jastram, sie zeigen Adam und Eva. *petrikirche-rostock.de* | *1 h*

INSIDER-TIPP **Auf vergessenen Treppen unters Dach**

ZOO ROSTOCK

Überall Bäume. Der Besuch im Rostocker Zoo fühlt sich an wie ein Waldspaziergang. Und was hockt da oben in der Kiefer? Ein Orang-Utan! Im *Darwineum* ist die Evolutionsgeschichte mit viel Interaktion und Erlebniswelten für Kinder spannend aufbereitet. 2018 wurde das Polarium eröffnet, wo Eisbären und Pinguine zu erleben sind. Insgesamt leben 4000 Tiere aus 380 verschiedenen Arten auf dem Gelände. *Tgl. März, April, Sept., Okt. 9–17, Mai–Aug. 9–18, Nov.–Feb. 9–16 Uhr | Eintritt 17,50 Euro, Kinder (ab 4 J.) 10 Euro, Familien 52 Euro | Eingänge: Barnstorfer Ring und Trotzenburg | zoo-rostock.de | 1 Tag*

INSIDER-TIPP **Der Affe im Menschen**

Backsteingotik und Barock: Das mittelalterliche Rathaus bekam im 18. Jh. einen Vorbau

ESSEN & TRINKEN

EISWERKSTATT

Alle stehen an für DDR-Softeis und Frozen Yoghurt. Dazu kannst du dir Gummibären und echte Beeren, Schokolade, Nüsse und x andere Toppings aussuchen. *Kröpeliner Str. 18 | eiswerkstatt-rostock.de*

GRÜNE KOMBÜSE

Hier macht das Essen (bio und vegan) nicht nur satt, sondern auch ein ziemlich gutes Gewissen. Zum Glück schmeckt es außerdem. Vegane Liköre und Bratlingmischungen kannst du auch zu Hause noch online bestellen. Und wenn's schnell gehen muss, holst du dir das Essen am Imbisswagen *(Di–Fr)* auf dem Neuen Markt. *Mo geschl. | Grubenstr. 47 | Tel. 0381 21 08 18 32 | €€*

INSIDER-TIPP
Rostock-Flashback zum Bestellen

MOMO

In dem orientalischen Restaurant bestellst du Falafel und Pakora, während sich deine Kinder (oder die anderer Leute) Riesenbauprojekten mit der Brio-Bahn widmen. Tagsüber geht's fast wie zu Hause im Wohnzimmerzu, abends wird regelmäßig Salsa getanzt. *Tgl. | Augustenstr. 93/94 | Tel. 0381 25 53 53 47 | €*

SHOPPEN

ARTQUARIUM

Kunst in Eisbechern, maritime Graffiti, herzige Kleider … „Produzentengalerie" nennen Rostocker Künstlerinnen und Künstler das Haus, in dem sie ihre Kunstwerke ausstellen und verkaufen, sich dadurch gegenseitig unterstützen und einen größeren Markt (vielleicht auch dich?) finden. *Mo geschl. | Barnstorfer Weg 36 | artquarium-rostock.de*

RONJAESPRESSO
Der Laden direkt am Doberaner Platz ist winzig. Natürlich kann man den hier gerösteten Kaffee gleich hier trinken, bevor man sich mit einem Vorrat für zu Hause eindeckt. *Doberaner Str. 158 | ronjaespresso.de*

SPORT & SPASS

ESCAPE ROOM

INSIDER-TIPP
Knack den Code

Im Escape Room sind Geheimnisse versteckt, Rätsel zu lösen und Codes zu knacken. Es gibt ein Indoor- und zwei Outdoorszenarios, und es geht um nichts Geringeres als die Rettung der Welt. Mehr darf leider nicht verraten werden ... *Termine auf der Website oder telefonisch | ab 60 Euro/2–3 Pers. | Doberaner Str. 21 | mobil 0176 73 70 72 24 | escaperoom-rostock.de*

SIGHTRUNNING
Du wirst vermutlich bei dieser Stadtführung schneller aus der Puste als dein Guide, die Triathletin Juliane Leiter, kommen. Aber keine Sorge, sie sagt, sie passe sich den langsamsten Läufern an. *Termine und Treffpunkt nach telefonischer Absprache | ab 25 Euro/Pers. | mobil 0175 8 08 24 12 | abenteuer-stadtwelten.de*

STADTPADDELN
Hafenrundfahrt im Kajak. Die Tour mit Sandra und Ronald Kley ist auch eine Geschichts- und Märchenstunde.

INSIDER-TIPP
Paddeln im Mondschein

Bei der zweistündigen *Mondscheintour* wird sie von kleinen Lämpchen an den Booten aufs Schönste beleuchtet. *Mitte Mai–Ende Sept. tgl. | 22 Euro/Pers. | mobil 0176 62 00 11 32 | stadtpaddeln-rostock.de*

AUSGEHEN & FEIERN

So wild waren die Partys am Stadthafen, dass die Stadt 2015 einen Hafenvogt abgeordnet hat. Der soll dafür sorgen, dass Müll in die Eimer und der Exzess unter Kontrolle kommt. Gefeiert und gegrillt wird im Hafen an warmen Abenden nach wie vor.

FREIGARTEN
Hier ist Konsum keine Pflicht. Einfach dasitzen, ohne was zu trinken, ist im Biergarten des *Peter-Weiss-Hauses* ausdrücklich absolut okay. Auch deswegen ist der Freigarten ein guter Ort, um ins Gespräch zu kommen. *Doberaner Str. 21 | peterweisshaus.de*

M.A.U. CLUB
Zum Tanzen bitte hierher: Der städtisch geförderte Club ist eine feine Adresse für kleinere und größere Konzerte (bis zu 850 Zuschauer) und Partys. *Warnowufer 56 | mauclub.de*

RUND UM ROSTOCK

4 GRAAL-MÜRITZ
30 km/35 Min. von Rostock mit dem Auto

Graal-Müritz hat vor seiner Haustür einen ziemlichen Knaller: Die *Rostocker*

Heide ist der größte Küstenwald Deutschlands, ein Mischwald mit Mooren und Feuchtwiesen. Ansonsten besitzt der Ort alle Attribute eines Ostseebads (Seebrücke, Strandkörbe, Bäderarchitektur, Sandstrand). Das Restaurant *Utspann (tgl. | Warnemünder Str. 10a | Tel. 0381 4402391 | restaurant-utspann.de | €€)* liegt im Westteil, dort bekommst du Fisch und mediterrane Gerichte. Dann nimm im *Aquadrom (Di–Fr 10–20, Sa–Mo 11–21.30 Uhr | Eintritt ab 7,30 Euro | Buchenkampweg 9 | aquadrom.net)* ein arabisches Bad und probier die Massagen mit den verrückten Namen (Hot Stone? Taozi-Kräuterstempel?) aus. *H4*

5 GELBENSANDE

22 km/30 Min. von Rostock mit dem Auto

Unten Backstein, oben Fachwerk: Das *Jagdschloss (tgl. 11–17 Uhr | Eintritt frei | jagdschloss-gelbensande.de | 1 h)* sieht aus, als hätte man auf einen norddeutschen Mauersockel ein bayerisches Forsthaus gesetzt. Dänisches Porzellan und repräsentative Räume dürfen besichtigt werden. Außerdem gibt es das Restaurant *Fasano (Mo, Di geschl. | mobil 0176 23924948 | €€)*, wo du vor allem Fisch und Wild bestellen kannst. Kaffee musst du allerdings am Bahnhof trinken: Das großherzogliche Empfangsgebäude wurde zum *Café Drei Jahreszeiten (nur am Wochenende | cafedreijahreszeiten.de)*, wo Frau Hoja kocht und backt, z. B. köstliche Haselnusstorten. *H4*

WARNEMÜNDE

(G4) **Im Sommer bis in den letzten Winkel voller Urlauber ist War-**

Auf einem Raddampfer kannst du die Rostocker Heide auch vom Wasser aus entdecken

nemünde (6700 Ew.) am Ausgang der Warnow.

Aber es ist mehr als ein hübsches Seebad. Nämlich auch noch Deutschlands größter Kreuzfahrthafen und ein wichtiger Fährhafen. Und es gibt eine Werft und das Institut für Ostseeforschung. Die Nähe zu Rostock und der echte, lebendige Hafen wirken wie eine Vitalitätsspritze. Am ★ *Alten Strom*, der Promenade, warten Läden, Cafés und Restaurants auf Besucher, während sich vor den alten Häusern von Zeit zu Zeit eines der irrwitzig hohen Kreuzfahrtschiffe oder eine Fähre vorbeischiebt. Die Kräne, der Leuchtturm und der „Teepott", ein DDR-Prestigebau an der Promenade, bilden die Silhouette von Warnemünde.

SIGHTSEEING

HEIMATMUSEUM WARNEMÜNDE

Hier wirfst du einen Blick in Schlaf- und Wohnstuben von Warnemünder Familien zur vorletzten Jahrhundertwende, auf Trachten und Mitbringsel von Steuerleuten und Kapitänen und bekommst so ungefähr eine Ahnung davon, wie das Leben in dem Küstenort damals war. *April–Okt. Di–So, Nov.–März Mi–So 10–17 Uhr | Eintritt 4 Euro | Alexandrinenstr. 31 | heimatmuseum-warnemuende.de* | ⏱ *1 h*

LEUCHTTURM WARNEMÜNDE

Wenn man oben ist, lohnt es sich ja immer. Das gilt für jeden Berg und auch für die 137 Stufen bis zur zweiten Galerie des 1898 gebauten Turms. Von oben ist dann alles so klein und so weit unten. Und der weite Blick über die Ostsee ist – weil erkämpft – doppelt schön. *Ostersamstag–1. Okt. tgl. 10–19 Uhr | Eintritt 2 Euro | warnemuende-leuchtturm.de* | ⏱ *0,5 h*

MARINE SCIENCE CENTER

Seehunde! Wer weiß, vielleicht wird für dich ja hier ein Traum wahr. Denn die Mitarbeiter des Forschungsinstituts der Uni Rostock gehen mit Kindern ab 12 Jahren (und Erwachsenen) sogar ins Wasser, um mit den Seehunden zu schwimmen. Nicht nass wirst du beim Angebot „Seehunde hautnah", wo du in kleinen Gruppen das Training verfolgst. Für beide Angebote musst du dich mindestens eine Woche im Voraus per E-Mail (*schwimmen@msc-mv.de* für das Bad mit dem Seehund und *info@msc-mv.de* für Seehunde hautnah) anmelden, Preis auf Anfrage. Spontan ist der Besuch während der Öffnungszeiten möglich. Einführungsvorträge gibt es zwischen 11 und 15 Uhr zur vollen Stunde. *Mai–Okt. tgl. 10–16, April 10–15, Nov. Do–So 10–15 Uhr | Eintritt Erw. 6,50 Euro, Kinder 4 Euro, Familien 15 Euro | Am Yachthafen 3a | marinescience-center.de* | ⏱ *2 h*

INSIDER-TIPP
Bad mit Seehund

ESSEN & TRINKEN

ZUM STROMER

Das Restaurant ganz am Ende des Warnow-Südufers scheint dem Gemälde eines romantischen Malers entsprungen: an den Fenstern im Wind wehende Vorhänge und überall Rosen, Früchte, pralles Leben. Der Fisch kommt frisch direkt vom Kutter, dazu gehören Biogemüse und Kräuter. *Sept.–Juni Di geschl. | Am Strom 32 | Tel. 0381 8 57 97 87 | restaurant-stromer.de | €€€*

SPORT & SPASS

FIETE FISCHKOPP

Seemannsgarn erzählt Fiete auf seinen Rundgängen, dazu spielt er Akkordeon, singt Shantys und zeigt Zaubertricks. Man kann ihm also nicht vorwerfen, er lege sich nicht ins Zeug für deine Unterhaltung. *Mai–Sept. Fr 20 Uhr | bis 15 Personen 120 Euro, jede weitere 8 Euro | Treffpunkt an der Touristinformation | Anfragen mobil 0152 55 33 39 29 | fietefischkopp.de*

SUPREMESURF

Alle zwei Stunden steht hier die Welle. Die Dänemarkfähren werfen sie beim Einfahren auf, sie bleibt für etwa 15 Minuten. Die Surfschule hat sich darauf spezialisiert und bietet einen Kurs im Wellenreiten *(Einsteiger 39 Euro)* an. *Am Strande 2e | mobil 0176 61 73 21 01 | supremesurf.de*

STRÄNDE

Schon sehr besonders: der *Strand vor der Hafeneinfahrt*. Schwimmen mit der Welle der Fähren, Anreise mit der S-Bahn, und nicht nur Touris, auch viele Rostocker triffst du dort.

AUSGEHEN & FEIERN

KLEINE KOMÖDIE

Du sitzt hier nicht auf einem Klappsitz, sondern, Drink in der Hand, an kleinen Tischen. Gespielt werden Kabarett und Zwei-Personen-Stücke, außerdem gibt es Filmvorführungen. *Rostocker Str. 8 | volkstheater-rostock.de*

Er gehört dazu: der Rundumblick vom Leuchtturm Warnemünde

SCHÖNER SCHLAFEN IN ROSTOCK UND UMGEBUNG

RUHE(N) IM CONTAINER

Schon mal in einem Container geschlafen? Im Warnemünder Hafen wurden ausgediente Überseecontainer zum coolen, aber komfortablen Hostel *Dock Inn (64 Zi. | Zum Zollamt 4 | Tel. 0381 67 07 00 | dock-inn.de | €)* arrangiert – mit Boulderhalle, Sauna und Kino.

FISCHLAND, DARSS, ZINGST

WILD UND OFFEN

Meer auf der einen, die Boddenkette auf der anderen Seite: Das sind die zwei Gesichter der Halbinsel Fischland-Darß-Zingst. Innerhalb von wenigen Kilometern tauschst du Dünen gegen Schilf, Wellen und Möwen gegen sanfte Buchten, auf denen Blesshühner dümpeln.

Zwischen Bodden und Meer liegen die Darßdörfer Ahrenshoop, Born und Wieck mit geduckten, rohrgedeckten Katen. Wustrow auf dem Fischland. Und die ganz schön zugebauten Orte Prerow und

Hinter der nächsten Biegung tut sich der wilde Weststrand auf …

Zingst, die gerade im Sommer extreme Touristenmagneten sind. Die kleinen Städte Ribnitz-Damgarten im Westen und Barth im Osten lohnen bei der An- und Abreise einen Besuch. Auf dem Darß wächst der Wald, wie er will, die Küste wird von Wasser und Wind ständig neu geformt. Das soll so sein, schließlich gehört hier fast alles zum Nationalpark Vorpommersche Boddenlandschaft.

FISCHLAND, DARSS, ZINGST

MARCO POLO HIGHLIGHTS

★ KUNSTMUSEUM AHRENSHOOP
Auf der Spur der Künstlerkolonisten
➤ S. 74

★ DARSSER ORT
Leuchtturm, Nationalparkausstellung und viel Wald ➤ S. 79

★ WESTSTRAND
Gehört zu den schönsten Stränden – und den wildesten ➤ S. 79

★ PRAMORT
Kraniche und flaches Wasser am Ostende von Zingst ➤ S. 81

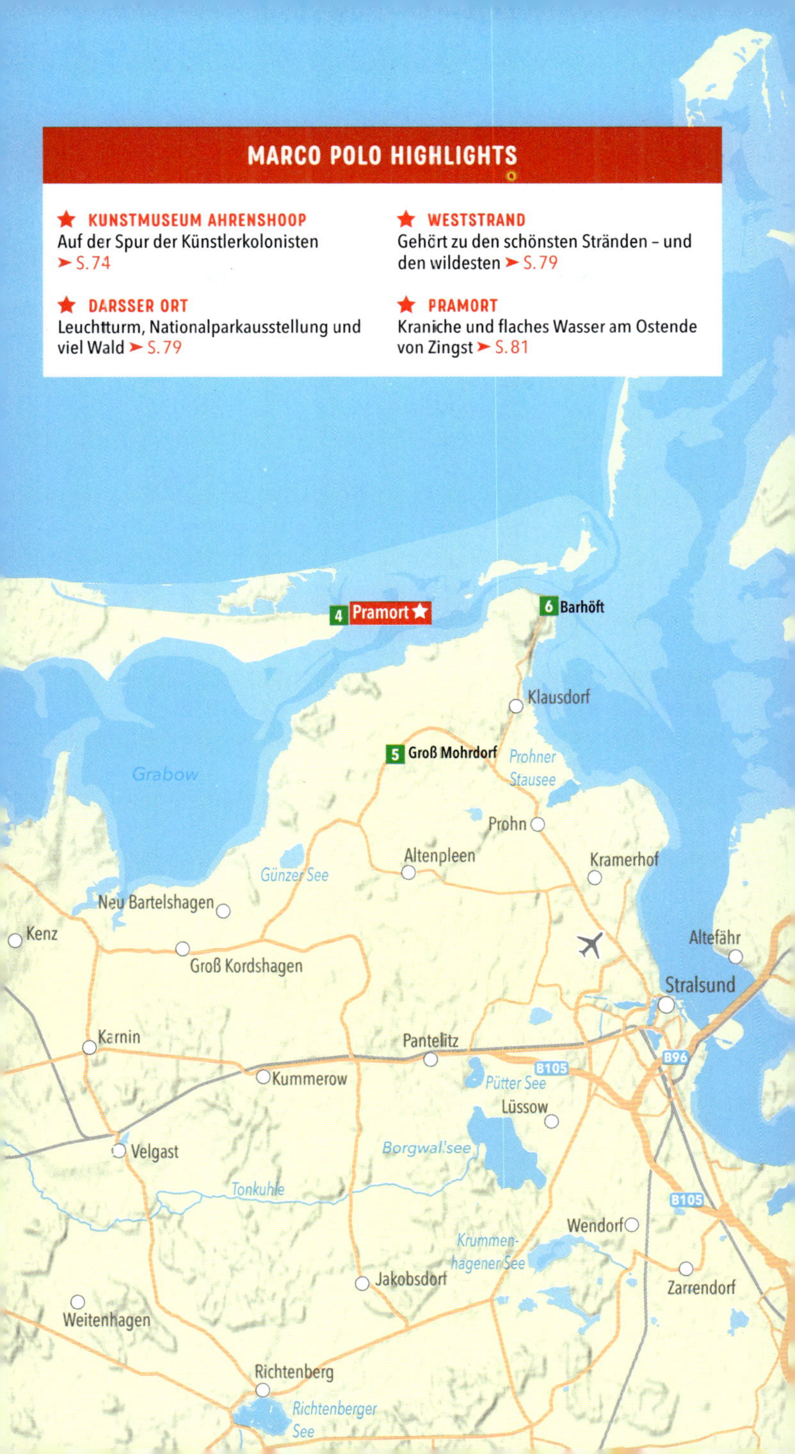

RIBNITZ-DAMGARTEN

(🕮 J4) **Wer aus Richtung Westen kommt, kommt um Ribnitz-Damgarten kaum herum, die Stadt ist das Einfallstor aufs Fischland.** Weil das Städtchen (15 200 Ew.) – wie der Name verrät – aus zwei Orten zusammengewachsen ist, gibt es hier alles zweimal: zwei Häfen, zwei Innenstädte, zwei Kirchen. Ribnitz-Damgarten nennt sich auch „Bernsteinstadt", weil es u. a. das Bernsteinmuseum und, natürlich, Schmuckläden hat.

SIGHTSEEING

DEUTSCHES BERNSTEINMUSEUM

Hier dreht sich alles um das Gold des Nordens: Bernsteinschmuck, Bernsteineinschlüsse, besondere Steine und Kunstwerke mit und aus Bernstein. Klar gibt's den auch im Museumsshop zu kaufen. *März–Okt. tgl. 9.30–18, Nov.–Feb. Di–So 9.30–17 Uhr | Eintritt 8,50 Euro | Im Kloster 1–2 | deutsches-bernsteinmuseum.de | 1 h*

ESSEN & TRINKEN

RIBNITZER FISCHHAFEN

Geräuchert, gebraten, zwischen zwei Brötchenhälften oder als Salat: Fisch findest du in nahezu jeder Form im Ribnitzer Fischhafen. Zu diesem gehören auch die Restaurants *Fischhafen-Restaurant Meeresbüfett (tgl. | Tel. 03821 3907 18 | €€)* und *De Zees (tgl. | Am See 1a | Tel. 03821 89 48 30 | €€)*, ein Fischverkauf und ein Imbiss. Es gibt sogar einen Fischversanddienst – schick doch deinen Freunden zu Hause einen Gruß aus Ribnitz! *Am See 40 | fischhafen.de*

INSIDER-TIPP
Fisch-Grüße

RUND UM RIBNITZ-DAMGARTEN

1 FREILICHTMUSEUM KLOCKENHAGEN

5 km / 8 Min. von Ribnitz-Damgarten mit dem Auto

Brot backen, Körbe flechten, filzen. Rund um 20 Häuser aus dem ländlichen Norddeutschland zeigt das Museum, wie Menschen in Mecklenburg-Vorpommern früher lebten und arbeiteten. Am Ende kannst du dann noch einen Friseursalon aus den 1930er-Jahren besuchen und mit einem neuen alten Haarschnitt nach Hause gehen. Besonders schöne Mitmachangebote gibt es (vor allem in den Ferienwochen) für Kinder: filzen, backen, töpfern … *April–Okt. tgl. 10–17, Mitte Juni–Mitte Sept. bis 18 Uhr | Eintritt 8 Euro, Kinder (7–16 J.) 3 Euro, Familien 18 Euro | Mecklenburger Str. 57 | freilichtmuseum-klockenhagen.de | 1,5 h | 🕮 J4*

INSIDER-TIPP
Alter Schnitt – neue Frisur

Bodden oder Ostsee? Auf dem Wustrower Kirchturm siehst du beides – gleichzeitig

WUSTROW

(📖 J3) **Wustrow (1100 Ew.) könntest du aus zwei Gründen kennen: Weil Ex-Bundespräsident Joachim Gauck hier aufwuchs. Und wegen der ersten deutschen Seefahrtsschule auf dem Stegberg, an der zwischen 1846 und 1992 über 13 000 angehende Steuerleute und Kapitäne ihr Patent machten.**

Die Schule war eine Institution, heute sind dort Ferienwohnungen untergebracht. Nicht verpassen: den Spaziergang durch den Ort bis zur Seebrücke.

SIGHTSEEING

Steig für einen der schönsten Blicke der Halbinsel auf den *Kirchturm*. Schließlich liegt der Ort an ihrer schmalsten Stelle, sodass du von oben gleich gut auf Bodden und Meer schauen kannst. Der *Wustrower Kulturpfad* führt zu 28 blauen Steinen, die im Ort verteilt liegen. Ein Begleitbüchlein, das dir Details zu den Stationen verrät, gibt es für 5 Euro bei der Kurverwaltung *(Ernst-Thälmann-Str. 11 | Tel. 038220 2 51 | ostseebad-wustrow.de)*.

ESSEN & TRINKEN

SCHIMMELS

Kalbsleber mit Lakritz und Melone? Glacierte Ananas? Kloß von der lila Kartoffel? So was wird bei Schimmels gekocht – und vom Guide Michelin ausgezeichnet. *Do geschl. | Parkstr. 1 | Tel. 038220 6 65 00 | schimmels.de | €€€*

Der Keramiker Friedemann Löber bei der Arbeit

SPORT & SPASS

ZEESBOOTSEGELN

Willst du wissen, wie es ist, mit einem Zeesboot auf dem Saaler Bodden zu segeln? Dann heuere auf den ehemaligen Fischereiseglern Butt und Bill an. *Mai–Okt. tgl. 11, 13, 15, 17 Uhr | 15 Euro/90 Min. | mobil (Peter Eymael) 0170 2 01 78 16 | kunstscheune-barnstorf.de/butt*

AHRENSHOOP

(🕮 J3) **So wunderschön ist Ahrenshoop, dass sich Ende des 19. Jhs. ein Schwung Malerinnen und Maler hier niedergelassen hatte und eine Künstlerkolonie entstanden war. Damals hatte Ahrenshoop sein Image als Ort der Künstler schnell weg. Und hat es bis heute behalten.** Lass dich vom *Hohen Ufer* inspirieren, wo Sanddorn wächst und in der steilen Wand Uferseeschwalben brüten.

SIGHTSEEING

KUNSTMUSEUM AHRENSHOOP ★

Auf den Bildern im Kunstmuseum wirst du Motive entdecken, die dir schon vom Strandspaziergang vertraut sind. Das Museum zeigt Werke von Künstlern der Ahrenshooper Kolonie. *April–Okt. tgl. 11–18, Nov.–März Di–So 10–17 Uhr | Eintritt 10 Euro | Weg zum Hohen Ufer 36 | kunstmuseum-ahrenshoop.de | 1 h*

NOCH MEHR KUNST

Kunst gucken kannst du auch im *Kunstkaten (Mai–Okt. tgl., wechselnde Uhrzeiten, Nov.–März Mo geschl. | Eintritt 3,50 Euro | Strandweg 1 | kunstkaten.de | 0,5 h)*. Biete hier einfach mal bei deiner ersten großen Kunstauktion (im Sommerhalbjahr) mit.

Zum 125-jährigen Jubiläum der Künstlerkolonie hat die Gemeinde sich 2017 selbst den *Kunstpfad Ahrenshoop* geschenkt. An zehn Stationen entlang geht's auf Spurensuche. Welcher Blick inspirierte zu welchem Kunstwerk? Flyer dazu gibt's auf *ostseebad-ahrenshoop.de* oder in der *Kurverwaltung (Kirchnersgang 2 | Tel. 038220 6 66 60)*.

ESSEN & TRINKEN

KAFFEEMÜHLE

Schon ein bisschen verrückt: Weil an dieser Stelle früher mal eine Mühle stand, hat Familie Köppke auf dem Grundstück kurzerhand wieder eine errichtet. Nur die Flügel drehen sich nicht. Drinnen gibt es fair gehandelten Kaffee, Mittagssuppe und Kuchen überwiegend aus regionalen und ökologischen Zutaten. Besonders lecker: Birne-Gorgonzola-Flammkuchen, mit Dinkelmehl gebacken. *März–Okt. Fr–Mi 11–18 Uhr, Nov.–Feb. s. Website | Feldweg 7 | Tel. 038220 66 83 43 | muehle-ahrenshoop.com | €€*

INSIDER-TIPP
Herzhaft trifft süß

SHOPPEN

AHRENSHOOPER FISCHKISTE

Fisch aus der Region bekommst du hier! Du kannst Filets fangfrisch für die Zubereitung in deinem Ferienzuhause kaufen – auch auf Vorbestellung. *Unregelmäßige Öffnungszeiten (telefonisch erfagen) | Dorfstr. 41 | Strandübergang 10 | Tel. 038220 6 68 73 | ahrenshooper-fischkiste.de*

DORNENHAUS

Tassen, Teller und Vasen mit windschiefen Kiefern und Zeesenbooten: Die Löbers sind Teil einer Fischländer Keramikerdynastie. In ihrem rohrgedeckten Dornenhaus verkaufen sie ihre Fischlandkeramik mit Kranichen, Libellen oder floralen Ornamenten. *Bernhard-Seitz-Weg 1 | Althagen | dornenhaus.de*

SPORT & SPASS

ISLANDPFERDEHOF FISCHLAND

Islandponys sind freundlich und robust. Wenn du schon immer mal reiten wolltest, trau dich einfach. Und wenn du es schon kannst: Der Hof bietet Tagesritte durch den herrlich wilden Darßwald bis zum Darßer Ort an. In jedem Fall vorher anrufen. *Weg zum Kiel 12 | Tel. 038220 6 93 28 | islandpferdehof-fischland.de*

INSIDER-TIPP
Wilder Wald auf sanftem Pferd

STRÄNDE

Zum Baden ist der Strand im Norden von Ahrenshoop, zum Spazierengehen die Steilküste im Süden der Hammer. Unbedingt solltest du dir mindestens das *Gelbe Ufer* ansehen.

BORN

(J3) **Alles noch wie immer! Born (1200 Ew.) zwischen Darßwald und Bodstedter Bodden hat es ähnlich gut wie Wieck geschafft, sein ursprüngliches Flair zu behalten: Die Sandstraßen säumen rechts und links Schifferhäuser mit den geschnitzten und bunt angemalten Darßtüren.**

In Born erlebst du den Zauber der Bodden. Gerade an windstillen Tagen, wenn die Schilfhalme unbewegt sind und nur hier und da ein Schwan auf dem Wasser dümpelt, erinnert das Setting an eine Märchenwelt.

ESSEN & TRINKEN

WALFISCHHAUS

Direkt am Hafen bekommst du regionale Landhausküche – Fisch, Wild, Gemüsegerichte. Zum Kaffee selbst gebackene Kuchen. *Anf. März–Mitte Nov. tgl. | Chausseestr. 74 | Tel. 038234 5 57 84 | walfischhaus.de | €€–€€€*

SPORT & SPASS

GUT DARSS

In erster Linie ist das Gut ein ökologischer Rinderzuchtbetrieb. Geschäftsführer Marc Fiege verkauft aber nicht nur Wasserbüffelbraten, sondern sorgt mit naturnahem Minigolfplatz *(7,50 Euro),* Eisstockbahnen *(nur mit Reservierung)* und Kletterwald *(20 Euro)* dafür, dass du dich auspowerst – und danach in der *Gutsküche (€€)* die Energiespeicher wieder auffüllen kannst. Für Kinder sind die Hofführungen *(5 Euro, Kinder 2,50 Euro)* toll, bei denen auch herumlaufende Katzen gerne gestreichelt werden dürfen. *Öffnungszeiten s. Website | Am Wald 26 | Tel. 038234 50 60 | gut-darss.de*

AUSGEHEN & FEIERN

Man versteht ja gar nix! Ins Platt muss man sich erst mal einhören. Auf der überdachten *Freilichtbühne* werden im Sommer die *Darß-Festspiele (darss-festspiele.de)* auf Platt- und Hochdeutsch inszeniert. Und die Bornerin Helga Mau schafft es jedes Jahr wieder, auch überregional und international bekannte Künstler für Sommerkonzerte in die *Fischerkirche* zu holen.

WIECK

(📖 K3) **Ein Spaziergang in Wieck auf dem Darß (700 Ew.) katapultiert dich in die Vergangenheit. Die Wiecker haben es geschafft, einen guten Teil ihrer Dorfatmosphäre in die Gegenwart zu retten.**

An den Sandstraßen und am Bodden stehen viele alte Kapitäns- und Steuermannshäuser mit verglasten Veranden und großen Gärten. Beim Schlendern durch den ursprünglichen Ort fällt auf, dass sich selbst die neu gebauten Häuser in das Gesamtbild einfügen. Späte Genugtuung für die Wiecker: Während sie wegen ihrer Lage am Bodden und fehlendem Ostseezugang lange nicht vom Tourismus profitieren konnten, kommen viele Urlauber jetzt gerade wegen Ruhe und Ursprünglichkeit. Zum Meer fahren kann man ja immer noch.

SIGHTSEEING

DARSSER ARCHE ☂

Hier schlägt das Herz des Orts. Für einen richtig guten Überblick über die Landschaft, Bodden, Wald und Küste besuchst du das Nationalparkzentrum und Gästehaus. Auch Sonderveranstaltungen wie das „Kulinarische Kino" stellt es auf die Beine und beherbergt einen Souvenirladen, ein Biocafé und die Zimmervermittlung des Orts. Und beim Darß-Marathon jedes Jahr im

Kleine Katen mit bunten Türen in blühenden Gärten: Das ist Born

Mai ist hier Start und Zieleinlauf. *Juni–Sept. tgl. 9–17, Mai, Okt. tgl. 10–17, April tgl. 10–16, Nov.–März Do–Mo 10–16 Uhr | Eintritt 6,50 Euro | Bliesenrader Weg 2 | darsser-arche.de | ⏱ 1 h*

ESSEN & TRINKEN

HAFERLAND

Das Haferland hat es geschafft, die Ortsatmosphäre in ein Hotel zu transformieren. Unterm Rohrdach hat auch ein Restaurant *(tgl. | €€€)* mit feiner regionaler und ökologischer Küche Platz. *Bauernreihe 5a | Tel. 038233 6 80 | hotelhaferland.de | €€€*

SHOPPEN

Der beliebteste *Biomarkt* auf der Halbinsel *(Mi, Sa | Darßer Arche)* bietet alles, was in der Region so wächst. Die Händler erzählen dir gern mehr über ihre Produkte, und wo sie angebaut werden. Zwar nicht regional, aber heiß und aromatisch, selbst geröstet, fair gehandelt und ökologisch produziert ist der Kaffee am mobilen Kaffeestand von Land-Delikat *(landdelikat.de)*. Und er wird dir nicht im Pappbecher in die Hand gedrückt, sondern dampft in einer Porzellantasse.

INSIDER-TIPP
Guter Kaffee, echte Tasse

FISCHKISTE

Tim steht mit seiner Fahrradrikscha am Hafen *(Himmelfahrt–Sept.)* und verkauft Brötchen, die genauso besonders sind wie sein Gefährt: Hering mit Sanddornsauce oder Pflaumenmus zum Beispiel.

Darßer Ort: dort, wo der Hirsch röhrt

SPORT & SPASS

BODDENWEG

Nimm dir Zeit für einen Spaziergang (6 km) von Wieck bis Born, mit Schilfgürtel, dümpelnden Blesshühnern und Nonnengänsen. Du folgst einem Schmugglerpfad, denn in der Schwedenzeit verlief eine Zollgrenze zwischen Pommern und Mecklenburg.

STRÄNDE

Wegen des flachen Wassers ist der *Strand in Wieck* ein Traum für Familien mit kleinen Kindern. Es gibt keinen Grund, hier wegzugehen, schließlich gibt es ein Volleyballfeld, einen Wasserwanderrastplatz und einen Grillplatz. Also bleib doch gleich den ganzen Tag …

WELLNESS

SAUNAFLOSS

Auf dem Wasser schwitzen, zwischen den Saunagängen Kraniche gucken oder grillen – gönn dir drei Stunden auf dem Floss mit Saunaofen, das im Hafen ablegt. *15. April–Okt. 9–12, 13–16, 17–20 Uhr | 90 Euro/max. 5 Std. | Tel. 0170 2 71 25 27 | darss-floss.de*

INSIDER-TIPP
Seefahrt mit Sauna

PREROW

(K2) **Klar, Prerow (1500 Ew.) hat einen langen Strand, im Ort gibt es majestätisch schöne Bäume vor Schifferhäusern mit altersschiefen Veranden. Und im Prerowstrom kann man bei einer Bootstour mit Glück eine Robbe beobachten.**

Aber Prerows wahre Schätze liegen außerhalb: im Westen der Weststrand, wo die See beständig den Sand abträgt, im Norden der Darßer Ort, wo der Sand wieder angespült wird.

ESSEN & TRINKEN

DARSSER BRAUHAUS

Zum Darßer Bier – Ann Strübig und Markus Lau brauen selbst vier Sorten – gibt's Deftiges: Haxen, Steaks, Zanderfilet. *Tgl. | Bergstr. 1 | Tel. 038233 71 77 57 | darsser-brauhaus.de | €€*

TEESCHALE

Unter dem rohrgedeckten Dach und hinter der bunten Darßer Tür kriegst du Tee (notfalls auch Kaffee) mit selbst gemachtem Kuchen. Im Sommer musst du häufig auf einen Platz warten, vor allem auf der Terrasse. *So geschl. | Waldstr. 50 | teeschale.de*

SPORT & SPASS

DARSSTOUR

Henrik Schmidtbauer betreut auf dem Wasser maximal sechs Personen und freut sich, wenn aus bis dahin Unbekannten blitzschnell eine Gruppe wird. Trau dich je nach Wind und Wetter mit ihm auf Bodden oder Ostsee oder sogar bis nach Hiddensee. Darßtour bietet Kajak-, Rad- und Wandertouren und sogar Baumklettern auf nicht festgelegten Routen durch den Darßwald an. Dann wird unten gesichert, während du oben kletterst. *Kajaktour ab 69 Euro/Pers. | mobil 0178 1 88 66 80 | darsstour.de*

INSIDER-TIPP
Baumakrobatik

STRÄNDE

STRAND VON PREROW

Deutlich zahmer als der Weststrand, aber als Badestrand quasi legendär. So breit der Strand, so weiß der Sand.

AUSGEHEN & FEIERN

CINEMA PREROW

Das Kino ist so klein wie entzückend, und die Qual der Filmwahl entfällt: Auf lila Samtsesseln kannst du pro Tag sowieso nur einen Film sehen. *Waldstr. 5 | Tel. 038233 60141 | kinoprerow.de*

RUND UM PREROW

2 DARSSER ORT ★

7 km/20 Min. von Prerow mit dem Rad

Zum Darßer Ort kommt man nur zu Fuß, mit einer Pferdekutsche oder dem Rad. Weil die ganze Region zum Nationalpark Vorpommersche Boddenlandschaft gehört, bleib bitte immer auf den Wegen. Vom *Leuchtturm (Mai–Okt. tgl. 10–18, Nov.–April Mi–Sa 11–16 Uhr | Eintritt 5 Euro | 0,5 h)* hast du 'ne prima Sicht auf die angespülten Sände.

Das *Natureum Darßer Ort (Juni–Aug. tgl. 10–18, Mai, Sept., Okt. bis 17, Nov.–April Mi–So 11–16 Uhr | Eintritt 5 Euro, Kinder 3 Euro | natureum-darss.de | 1,5 h)*, Außenstelle des Stralsunder Meeresmuseums, versorgt dich mit dazu passenden Infos über die Küstendynamik und die Tiere und Pflanzen rundherum. Kinder können mit ihren Eltern eine Museumsrallye machen und im Innenhof auf einem Holzschiff auf Reise gehen. Internetaffine Kids lesen zu Hause auf *kindermeer.de* mehr zum Thema. *J2*

3 WESTSTRAND ★

6 km/1 Std. 30 Min. von Prerow zu Fuß

Seit der Fernsehsender Arte den Darßer Weststrand zu einem der 20 schönsten Strände der Welt (neben der Copacabana!) erklärt hat, ist er berühmt. Völlig zu Recht. Um hinzukommen, muss man von Prerow aus erst einmal durch den *Darßwald*. Kiefern, Buchen, Moose. Lauert da ein Troll hinter dem Stamm? Oder war es eine Ringelnatter?

INSIDER-TIPP
Schatzsuche im Wald

Finde im Spätsommer auf deinem Weg durch den Wald Blaubeeren, im Herbst Pilze und folg dem alten Meeresufer, denn im Lauf der Jahrhunderte hat sich der Strand immer weiter nach Norden bewegt. Und dann liegt er endlich vor dir, der Traumstrand. Oben in den Ausläufern der Dünen stehen Windflüchter, Kiefern, gebeugt vom ständigen Westwind. Im Sand liegen vom Sturm oder Wasser gefällte Baumstämme, und als Abschiedsgeschenk versinkt abends die Sonne im Meer – und nicht, wie in Mecklenburg und Vorpommern sonst häufig, über dem Land. *J2*

ZINGST

(K2–3) **Seit 1990 hat der Bauboom in Zingst gewütet und aus dem Kapitäns- und Fischerdörfchen einen Ferienort gemacht, in dem man Baulücken mit der Lupe suchen muss.**

Mittlerweile zählt man über 800 000 Gästeübernachtungen pro Jahr – bei 3000 Ew. Damit ist der Ort definitiv die kommerziell erfolgreichste Gemeinde auf dem Fischland-Darß-Zingst. Doch trotz phasenweiser Überfüllung gibt es immer noch Ecken, die einen Besuch lohnen. Wichtig für die Urlaubsplanung: In der Vor- und Nebensaison ist es ruhiger und leerer, aber die Kranichsaison im Herbst bringt ein Zwischenbesucherhoch.

SIGHTSEEING

MUSEUMSHOF ZINGST

Der Blick in alte Stuben und den Bauerngarten, auf Segelboote und Kapitänsbilder bringt Vergangenheit und Tradition dieses Küstenstrichs näher. Hier verstehst du besser, wie aus der Halbinsel erst eine Seefahrerinsel und dann ein Seebad wurde. Im Sommer ist immer am Donnerstag ein bunter Markt im Museumsgarten, dann lohnt sich der Besuch doppelt. *April–Okt. tgl. 10–18, Nov.–März Do–So 10–16 Uhr | Eintritt 5 Euro | Strandstr. 1–3 | museum-zingst.de | 0,5 h*

ESSEN & TRINKEN

CAFÉ ROSENGARTEN

Hier blüht immer irgendwas. Die Chefin hat nicht nur einen grünen, sondern einen magischen Daumen. Im Cafégarten sitzt du inmitten von Stock- und englischen Rosen, Ringelblumen und Lavendel und vergnügst dich mit Mohn- und anderen Torten, bei schlechtem Wetter geht das auch drinnen vorm Ofen. *So geschl., Dez.–März wechselnde Öffnungszeiten | Strandstr. 12 | caferosengarten.net*

SHOPPEN

LISBETH

Lisbeth verkauft Holzspielzeug, Kartenspiele, Murmeln, Musikinstrumente und verpackt alles liebevoll in selbst geklebte Papiertüten. *Klosterstr. 4*

Wild, abgeschieden und kilometerlang: der Darßer Weststrand

SPORT & SPASS

MAX-HÜNTEN-HAUS

Euer Ort für Regentage: In der Bibliothek mit toller Kinderabteilung könnt ihr Bücher, Filme und Spiele ausleihen. Ab und zu gibt´s Bilderbuchkino oder Kinderkurse, oft auch Veranstaltungen für Fotofreaks. *16. März–Okt. tgl. 10–18, Nov.–15. März bis 17 Uhr | Eintritt frei | Schulstr. 3 | short.travel/omv9*

STRÄNDE

Wahrscheinlich ist der *Zingster Strand* der beliebteste (und vollste) Strand auf der ganzen Halbinsel. Besonders schön ist der östliche Teil, wo der Badestrand an den wilden Strand des Nationalparks grenzt.

RUND UM ZINGST

4 PRAMORT ★

16 km/45 Min. von Zingst mit dem Rad

Fahr mit dem Rad nach Pramort! Links und rechts liegt die Nationalparkkernzone, ganz im Osten schaust du über das schmale Fahrwasser bis nach Hiddensee: ein grandioser Blick und bester Aussichtspunkt, um die einfliegenden Kraniche in der Dämmerung zu sichten. Achtung: In der Kranichsaison wird der Zutritt begrenzt. Auf dem Weg kommst du am *Osterwald* vorbei und an einer *Nationalparkausstellung (tgl. 10–16, April–Okt. bis 17 Uhr | Eintritt frei | 0,5 h)*, in der die Küstendynamik gut erklärt wird. *L3*

In Groß Mohrdorf sind die Kraniche die Hauptattraktion

BARTH

(🕮 K3) **Einer Sage nach versank die reiche Stadt Vineta in den Fluten der Ostsee. Ob sie wirklich in der Nähe von Barth (8700 Ew.) lag, darüber streiten sich die Historiker aber immer noch.**

So oder so nennt sich Barth seit 1999 „Vinetastadt" und ließ sich diesen Namen patentieren. Verglichen mit größeren vorpommerschen Städten wie Stralsund oder Greifswald wirkt Barth auf den ersten Blick wie die ungeliebte kleine Schwester. Kirche, Hafen, Marktplatz, alles ist eine Spur bescheidener. Umso überraschter ist man von all den sanierten Bürgerhäusern, dem *Dammtor* und der *Sankt-Marien-Kirche* aus dem 13. Jh. mit Buchholzorgel.

SIGHTSEEING

VINETA-MUSEUM

Ist Vineta tatsächlich einst vor Barth im Meer versunken? Hier kannst du dieser Frage nachgehen und in die Stadtgeschichte eintauchen. *Di–Fr 10–17, Sa, So 11–17 Uhr | Eintritt 5 Euro | Lange Str. 16 | vineta-museum.de | ⏲ 0,5 h*

MAHN- UND GEDENKSTÄTTE

Im Barther Konzentrationslager mussten bis zum Ende des Kriegs 7000 Menschen Zwangsarbeit in der Flugzeugmontage leisten. Mehrere Hundert Menschen verhungerten oder wurden erschossen. Die *Mahn- und Gedenkstätte* in der Chausseestraße am Ortseingang erinnert an die Opfer des Konzentrationslagers. Im Stadtzentrum gibt es eine *Ausstellung (Mai–Okt. Mo–Do 10–16 Uhr | Eintritt frei | Am Blecher Wall 1b)* zu Barth im Nationalsozialismus. | *⏲ 0,5 h*

BIBELZENTRUM BARTH

Welches sind deine Zehn Gebote? Im Bibelzentrum kannst du sie aufstellen und dich rund um die über 400 Jahre alte Barther Bibel über Bibel und Glauben informieren. Im Bibelgarten wachsen Pflanzen, die in der Bibel vorkommen oder die in Klostergärten angebaut wurden. *Di–Sa 10–18, So 12–18 Uhr | Eintritt frei | Sundische Str. 52 | bibelzentrum-barth.de | ⏲ 1 h*

ESSEN & TRINKEN

GALERIE-CAFÉ BARTH

Kaffee und Kuchen oder kleinere herzhafte Speisen unter den Bildern von regionalen Künstlern. Ein superzentrales Café, gleich am Markt. *Tgl. | Klosterstr. 1 | Tel. 038231 49 90 57 | galerie-cafe-barth.com | €€*

SPEICHER BARTH

Aussicht auf den Yachthafen und gehobene Küche gibt's zum Abendessen im Wintergarten des ehemaligen Getreidespeichers. *Tgl. | Am Osthafen 2 | Tel. 038231 6 33 00 | speicher-barth.de | €€–€€€*

SPORT & SPASS

INSIDER-TIPP
Dieser Blick lohnt sich

Ein Wanderweg führt über 11 km vom Hafen zum Fuchsberg mit superschönem Boddenblick und zurück. Wie du da hinkommst? Eine Wegbeschreibung gibt dir die nette Mitarbeiterin bei der *Barth-Information (Markt 3/4 | stadt-barth.de)*.

WASSERSPORTZENTRUM BARTH

Kiten, surfen, rudern, paddeln, segeln – hier kannst du's lernen oder Equipment ausleihen. *April–Okt. 10–18 Uhr | wassersportzentrum-barth.de*

RUND UM BARTH

5 GROSS MOHRDORF

21 km/30 Min. von Barth mit dem Auto

Die Gegend um Groß Mohrdorf ist ein Kranich-Hotspot. Im *Kranich-Informationszentrum (wechselnde Öffnungszeiten s. Website | Lindenstr. 27 | kraniche.de | 0,5 h)* geht's um Flugrouten, die Anpassung an das veränderte Klima, Brut und die Rast in Vorpommern. Die Mitarbeiter geben gerne Tipps zum Kranichgucken.

Vom *Kranorama* am Günzer See organisiert das Infozentrum in der Kranichsaison eine Ablenkfütterung. Sei zum Sonnenaufgang da – und dann warte. Nicht lange, und die Luft ist erfüllt vom sonderbar fernwehtriggernden Ruf der Kraniche. Bevor die Vögel in der Dämmerung einfliegen, findest du in Groß Kordshagen im *Café Olsen (Di, Mi u. Nov.–März geschl. | Hofallee 6 | cafe-olsen.de)* einen Platz – bei Sturm und Regen am Ofen, im Sommer im schattigen Gutspark. Es gibt Quarkkeulchen! Und Kaffee einer lokalen Rösterei. L3

INSIDER-TIPP
Der frühe Vogel …

6 BARHÖFT

31 km/40 Min. von Barth mit dem Auto

Ein kleiner Hafen im Nationalpark mit Imbiss, Laden, Bootsausleihe und Fischputzplatz (!) für Angler. Vom Aussichtsturm hast du eine prima Sicht auf den *Bock,* eine Insel zwischen Zingst, Festland und Hiddensee. Und auf all die flachen Wasserstellen drum herum, in denen Möwen waten. Das *Nationalpark-Informationszentrum Barhöft (April–Okt. tgl. 10–17 Uhr | Eintritt frei | Haus Norden | Am Barhöfter Kliff | short.travel/omv12 | 0,5 h)* zeigt dir, was es hier zu sehen gibt. M2

RÜGEN, HIDDENSEE, STRALSUND

KÜSTE. KÜSTE!

Kreideklippen und stille Buchten, Bäderarchitektur und rohrgedeckte Dächer. Rügen ist so vielfältig, wie es groß ist. Die Dichte an atemberaubend schönen Küstenabschnitten ist hier so groß wie nirgends sonst, die Landschaftsformen variieren zwischen flachen Stränden, steilen Küsten und sanftem Hügelland. Auf der Insel gibt es verwunschene Dörfer mit Kopfsteinpflaster und Seebäder im Urlaubsrausch. Und, trotz Rügens Größe: Inselfeeling.

Binz – „das“ Seebad auf Rügen

Die letzte Eiszeit hat der Insel Hügel und Bodden, Fossilien und weite Ebenen geschenkt, die Geschichte hat ihre Spuren hinterlassen. Und dann ist da noch Hiddensee, das immer schon Anziehungspunkt für Freiheitssuchende und Künstler war. Und die alte Hansestadt Stralsund auf der anderen Seite des Sunds, auf dem Festland. Über Rügen, Hiddensee und Stralsund informiert ausführlich der MARCO POLO Band „Rügen“.

RÜGEN, HIDDENSEE, STRALSUND

MARCO POLO HIGHLIGHTS

★ **KREIDEKÜSTE**
Weiße Klippen und betörende Ausblicke ➤ S. 92

★ **OZEANEUM**
Einblicke in komplexe Unterwasserlebenswelten ➤ S. 88

★ **LEUCHTTURM DORNBUSCH**
Weiter Blick über Land und Meer ➤ S. 91

★ **KAP ARKONA**
Drei Aussichtstürme und ein slawischer Burgwall ➤ S. 92

★ **BIOSPHÄRENRESERVAT SÜDOST-RÜGEN**
Die schönsten Berge im Norden ➤ S. 96

★ **ALTSTADT STRALSUND**
Eine City wie eine mittelalterliche Filmkulisse ➤ S. 88

4 Kap Arkona
Altenkirch
Breege
Ostsee
Strand Schaabe
3 Lohme
2 Kreideküste
Glowe
Neuenkirchen
Großer Jasmunder Bodden
Sagard
Sassnitz S. 91
Rappin
5 Lietzow
Ralswiek
Patzig
Parchtitz
Prorer Wiek
6 Bergen
Binz S. 93
Zirkow
Sehlen
Sellin S. 96
24 km, 30 Min.
7 Baabe
Putbus S. 100
Biosphärenreservat Südost-Rügen
Lauterbach S. 98
8 Göhren
9 Insel Vilm
Middelhagen
Mönchgut S. 96
Gager
Garz
4 km
2.49 mi
11 Museumshof Puddemin
Thiessow
10 Zudar

STRALSUND

(M3) **Hier betrittst du historisches Pflaster. Große Teile von Stralsunds (57 300 Ew.) ★ Altstadt haben Unesco-Weltkulturerbestatus, hier steht ein prächtiges mittelalterliches Haus neben dem anderen.** Stralsund war im 14. Jh. nach Lübeck die bedeutendste Stadt der Hanse. Das siehst du an der Höhe der Kirchtürme, den Fassaden der Bürgerhäuser und vor allem am Stralsunder Rathaus, dem bedeutendsten weltlichen Bau im ganzen Ostseeraum. Dass die Kaufleute der Stadt so viel Prunk in ein Gebäude steckten, das – anders als Kirchen – nicht sakralen Zwecken, sondern ihrer gemeinsamen Vertretung dienen sollte, sagt was über ihr Ego, aber auch die Bedeutung der Stadt.

SIGHTSEEING

OZEANEUM ★

So klingt der Blauwal. In der Ausstellung „Riesen der Meere" liegt man bei Unterwasserbeleuchtung und Walgesängen auf einer Liege, über sich 1:1-Modelle von Walen an der Decke. Wow, sind die groß! Und bedroht. Lebende Meerestiere, Fische und Pflanzen aus nordeuropäischen und atlantischen Meeren sieht man in den anderen Ausstellungen und Aquarien, auf dem Dach sogar Pinguine. Achtung: bei schlechtem Wetter zur Hauptsaison oft lange Schlangen am Eingang, dann entweder früh – oder spät kommen. *Juni–Sept. tgl. 9.30–20, Okt.–Mai bis 18 Uhr | Eintritt 17 Euro, Kinder 8 Euro | Hafenstr. 11 | ozeaneum.de | 2 h*

DEUTSCHES MEERESMUSEUM

Gib der Nummer zwei eine Chance! Das Meeresmuseum ist nicht so berühmt wie das Ozeaneum, aber genauso sehenswert. Hier schwimmen Wasserschildkröten, Riesenrochen und bunte Fische. Empfehlenswert, gerade weil ein bisschen angestaubt, ist die Ausstellung über die DDR-Fischerei. Vor dem Panorama-Aquarium können Kinder Tierarzt spielen. *Tgl. 10–17 Uhr, Nov.–März Mo geschl. | Eintritt 10 Euro, Kinder (4–16 J.) 5 Euro | Katharinenberg 14–20 | meeresmuseum.de | 1,5 h*

SPIELKARTEN-FABRIK

Hier riecht's nach Druckerschwärze. Nach der Führung in der noch produzierenden Fabrik im Speicher am Katharinenberg darfst du erst selber einen Text setzen und ihn dann an einer der alten Offsetdruckmaschinen drucken. *Führungen Mo–Fr 11–13 u. 15–19 Uhr | Eintritt 10 Euro | Katharinenberg 35 | spiefa.de | 1,5 h*

INSIDER-TIPP Druck mir das!

ESSEN & TRINKEN

ESSBAR

Die Essbar bietet eine kleine Auswahl an Fladenbroten, Fisch, Pasta und Antipasti. Besonders gut ist der Überraschungsvorspeisenteller mit italienischem

INSIDER-TIPP Überraschung!

Einschlag (Antipasti, edle Salami, Schinken ...). *So geschl. | Kleinschmiedstr. 22 | Tel. 03831 29 81 76 | essbarstralsund.de | €€*

KAFFEE MONOPOL

Das Szenecafé verkauft lokal gerösteten und zum Teil fairen Kaffee. Stopp einlegen und im Mini-Ausschankraum kurz verschnaufen. Wenn du den Kaffee magst: Das Monopol-Team vertreibt ihn auch im Internet. *Mo–Fr 10–18, Sa 10–14 Uhr | Mühlenstr. 55 | kaffee-monopol.de*

SHOPPEN

KERAMIK UND BUCH

„Nur Schiffe und Hunde müssen draußen bleiben", sagt Frank-Peter Reichel und zeigt Besuchern gern besondere Bücher und seine phantasievolle Keramik. Dazu gibt's (manchmal) Kaffee! *Fährstr. 27 | rednuslarts.jimdo.com*

SPORT & SPASS

HANSEDOM

Fühl dich hier wie in einer arabischen Traumwelt mit Badeparadies und Entspannungsoase. Zur Therme gehört eine große orientalische Saunalandschaft mit Hamam, heißen, nicht ganz so heißen und Dampfsaunen. *Tgl. 9.30–21 Uhr | Sauna ab 15 Euro | Grünhufer Bogen 18–20 | hansedom.de*

AUSGEHEN & FEIERN

BRAZIL

„Ullis Handtasche" heißt eine Eigenkreation, ein Cocktail aus Wodka,

Ganz oben auf dem Dornbusch steht Hiddensees Wahrzeichen: der Leuchtturm

Brandy und Kokos. Warum weiß wohl nur Ulli selbst. Im Brazil auf der Hafeninsel hast du Ausblick auf Yachten und den Seenotrettungskreuzer. *Mi–So ab 20 Uhr | Am Querkanal 4 | brazil-stralsund.de*

INSEL HIDDENSEE

(M1–2) **„Man braucht nur eine Insel!", dichtete die Lyrikerin Mascha Kaléko, und wenn du Hiddensee kennen gelernt hast, wirst du ihr recht geben.**

Immer wieder bleibt man überwältigt stehen, egal ob in der sandigen Dünenheide, oben auf dem Hügelland Dornbusch, oder beim Abstieg, wenn man ganz *Hiddensee* (1000 Ew.) vor sich liegen sieht. Der – nennen wir ihn mal – „Titanic-Blick" toppt alles: Um ihn zu finden, muss man auf den Dornbusch steigen. An der Westseite gibt es viele Kliffvorsprünge, Hucken genannt. Einer ragt besonders prominent zum Meer hinaus. Ein sandiger Pfad zwischen Weißdorn und Besenginster. Und plötzlich steht man – wie am Bug der Titanic – weit über Meer und Schaumkronen. Und jetzt Arme ausbreiten! Übrigens, die Insel mit den Orten Vitte, Kloster und Neuendorf ist komplett autofrei. Wenn man fahren will, dann geht das nur mit dem Rad oder in der Pferdekutsche.

INSIDER-TIPP
Ein Aussichtspunkt wie ein Ausrufezeichen

SIGHTSEEING

LEUCHTTURM DORNBUSCH ★
Ganz oben, 95 m über dem Meer, hast du gute Chancen, bis zu den Kreideklippen auf der dänischen Insel Møn zu schauen. *Mai–Okt. tgl. 10.30–16 Uhr | Eintritt 3 Euro | short.travel/omv15 | ⏲ 0,5 h*

ESSEN & TRINKEN

ZUM KLAUSNER
Das Lokal liegt hoch oben auf dem Dornbusch. Deswegen und weil es eine Hauptrolle im Hiddensee-Roman *„Kruso"* (s. S. 134) spielt, musst du hier anhalten und Pause machen. *Tgl. | Im Dornbuschwald 1 | Kloster | Tel. 038300 66 10 | klausner-hiddensee.de | €€*

SHOPPEN

FISCHBARKASSE WILLI
Bei Fischer Hubert Thürke gibt es Heringe direkt von seinem Kutter im Hafen von Kloster. Ob man ihn erwischt, ist ein bisschen Glückssache, denn die Öffnungszeiten sind nur Richtwerte. *Sommer ca. 10–18 Uhr*

STRÄNDE

Für Freunde des Sonnenuntergangs: Der komplette *Hiddenseer Weststrand* hat einen unverbauten Blick nach Westen. Bleib einfach sitzen, und wenn die Sonne ins Meer geplumpst ist, siehst du zu, wie der Lichtkegel des Leuchtfeuers über Strand und Wasser wandert – so schön! Gegenüber, im Westen, ist ein zweiter Lichtkegel zu sehen: Das ist der Leuchtturm Darßer Ort.

RUND UM HIDDENSEE

1 SCHILLINGS GASTHOF
15 km/45 Min. von Hiddensee mit dem Schiff
Auf dem Weg von Rügen nach Hiddensee kommst du am Gasthof von Mathias Schilling vorbei – und solltest dort einkehren. Denn das hier servierte Rind- und Lammfleisch stammt von Tieren, die auf der kleinen, vorgelagerten Insel Öhe weiden durften. *Tgl. | Hafenweg 45 | Schaprode | Tel. 038309 12 16 | schillings-gasthof.de | €€ | M2*

SASSNITZ

(O2) **Im Hafen von Sassnitz (9500 Ew.) lag mal die größte Fischereiflotte der DDR. Heute ist das Städtchen auf Identitätssuche. Ausflugsort? Hafenstadt?**
Im Hafen mit langer Mole und grün-weiß gestreiftem Leuchtturm, Fischern und Fähren, Museen und Scharen von Touristen fühlt man sich im Sommer, als wäre man direkt in eines von Ali Mitgutschs berühmten Wimmelbüchern gefallen. Aber nichts geht über Kreidefelsen und Nationalpark, die gleich hinter Sassnitz' letzten Häusern beginnen.

ESSEN & TRINKEN

OSTERIA LA TORRE

Winziges Lokal mit supernetter Bedienung und Essen, bei dem du siehst und vor allem schmeckst, dass es frisch eingekauft, gekocht und angerichtet wird. Auf jeden Fall reservieren! *Tgl. | Hafenstr. 12 | Tel. 038392 38 96 20 | €€*

RUND UM SASSNITZ

2 KREIDEKÜSTE ★

7 km/2 Std. von Sassnitz zu Fuß

Zum *Königsstuhl* und dem *Nationalparkzentrum (Ostern–Okt. tgl. 9–19, Nov.–Ostern 10–17 Uhr | Eintritt 9,50 Euro | koenigsstuhl.com | ⏱ 1 h)* läuft du Richtung Norden auf dem *Hochuferweg* durch den Nationalpark. Blickst auf die weiß leuchtenden Felsen, das Meer, auf umgestürzte Baumriesen und Möwen. Am schönsten ist die Wanderung im Frühjahr, wenn das Grün noch zart ist, oder im Herbst bei buntem Laub. Abstiege zum Strand, auch zum Fossiliensuchen, sind immer wieder möglich. *01–2*

INSIDER-TIPP
Schöner wird's nimmer

3 LOHME

11 km/15 Min. von Sassnitz mit dem Auto

Der Ort auf der anderen Seite des Nationalparks hat sich dem nachhaltigen Tourismus verschrieben. Keine Bettenburgen, sondern Zimmer für Gäste, die sich für Natur und Umwelt interessieren. Schön ist es am Yachthafen mit Feuerstelle und Picknickplatz, zu dem eine lange Treppe führt. 2018 haben die Anwohner einen wichtigen Kampf gewonnen: Ein Wellnesshotel mit 500 Betten sollte in Lohme gebaut werden. Weil viele um Ruhe und Stammgäste fürchteten, sind die Pläne vorerst wieder vom Tisch. *O1*

4 KAP ARKONA ★

35 km/40 Min. von Sassnitz mit dem Auto

Umsegelt man die Insel von Westen kommend, ist Kap Arkona die erste steilklippige Landmarke. Um dich so ähnlich zu fühlen wie auf dem Meer, kannst du einen Peilturm und zwei Leuchttürme besteigen. Sieh dir im *alten Leuchtturm (Eintritt 2 Euro | ⏱ 0,5 h)*, von Karl Friedrich Schinkel erbaut, eine Ausstellung zur Leuchtturm- und Seefahrtsgeschichte an, während du dich die Treppen hochschleppst. Im *Peilturm (Eintritt 3 Euro)* kannst du Wollprodukte und Souvenirs kaufen. Und der *aktive Turm (Eintritt 3 Euro)* hat auf 28 m die höchste Aussichtsplattform. Schon bei den Slawen galt der Ort als magisch, davon zeugen die Reste der *Jaromarsburg*. Dorthin gibt es archäologische Führungen *(Archäo Tour Rügen | Termine s. Website | 19 Euro/3 Std. | archaeo-tour-ruegen.de)*. Willst du noch tiefer einsteigen? Archäo Tour bietet den tollen Workshop „Steinzeit erleben" *(20 Euro, Kinder 15 Euro)*

INSIDER-TIPP
Brenn, Feuer, brenn!

Ehrlich, für diesen Blick hat sich der Aufstieg auf den alten Leuchtturm doch gelohnt …

an, bei dem ihr mit Feuersteinen ein Feuer entfachen lernt und eine eigene Pfeilspitze aus dem Stein haut. Im Süden schließt sich die Schaabe an, eine 12 km lange Nehrung mit einem wunderschönen, weißsandigen Strand. *Kernöffnungszeit aller Türme tgl. 11–16 Uhr | kap-arkona.de |* *N1*

5 LIETZOW

11 km/13 Min. von Sassnitz mit dem Auto

Auf der kleinen Landzunge zwischen dem Großen und Kleinen Jasmunder Bodden liegt Lietzow. Schnür hier unbedingt die Wanderschuhe, um dir den aussichtsreichen *Bodden-Panoramaweg* vorzunehmen. Der ist 24 km lang, aber ein Teilstück tut's auch. Oder du leihst dir bei der *Wassersportschule Timpeltu (15 Euro/1 Std. | Strandpromenade | mobil 0173 1513970 | timpeltu.com)* ein Kajak; die Bodden sind perfekt für Paddelanfänger. Bei Tagesausleihe lohnt eine Reservierung. Wenn du dann eine Stärkung brauchst: Richtig gut sind die Fische der *Traditionsräucherei Lietzow (Spitzer Ort 7 | traditionsraeucherei.de)*, die wie eh und je in einem rauchgeschwärzten Ofen auf Buchenholz geräuchert werden. *O2*

BINZ

(O3) **Mondäner geht's (auf Rügen) nicht. Das 5300 Einwohner zählende Binz ist das High End der Insel, hat die Strandpromenade zum Flanieren, die Seebrücke, um sandfrei übers Wasser zu gelangen, und einen 5 km langen, feinen**

Sandstrand zum Sonnen und Baden.
Schicke Hotels wie das Strandhotel aus der Gründerzeit und Villen im Bäderarchitekturstil säumen die Promenade. Hier gibt es sie wirklich: Damen im Abendkleid und Männer im Smoking.

SIGHTSEEING

PRORA

Der Wind der Geschichte, der hier weht, ist immer noch harsch: In dem von den Nationalsozialisten aus dem Boden gestampften Ortsteil mit dem „Koloss von Rügen", einem absurd großen, 4,5 km langen Gebäude, sollten mal 20000 Menschen gleichzeitig Urlaub machen. Nach der Wende wurde über das Schicksal der Ruine gestritten. Mittlerweile sind in den Gebäudeblöcken eine Jugendherberge und Luxuswohnungen entstanden.

JAGDSCHLOSS GRANITZ ☂

Zu Binz gehört auch das Jagdschloss, das wie so vieles auf Rügen Fürst Malte zu Putbus zu verdanken ist, der neben einem Badeort (Lauterbach) und einer Residenzstadt (Putbus) auch ein Jagdschloss haben wollte. Es thront auf dem Tempelberg und ist weit über den Bodden zu sehen. *Mai–Sept. tgl. 10–18 Uhr, sonst eingeschränkt | Eintritt 6 Euro | short.travel/omv11 | ⏲ 1 h*

ESSEN & TRINKEN

FREUSTIL

Edel, köstlich, und die Zutaten kommen aus der Region. Das Restaurant darf sich mit Rügens einzigem Miche-

Verbringst du die blaue Stunde auf der Selliner Seebrücke, entgeht dir leider dieser Blick

linstern schmücken. Wenn du dich erst mal vorsichtig an die Spitzenküche heranwagen willst, probiere es mal in der *Canteen (€€)*, eine Art Bistro, in dem das gute Essen deutlich erschwinglicher ist. *Mo/Di geschl. | Zeppelinstr. 8 | Tel. 038393 5 04 44 | freustil.de | €€€*

SPORT & SPASS

BAUMWIPFELPFAD ☂

Mach einen Spaziergang in den Baumkronen! Geh zum Schluss den spiralförmigen Weg bis ganz nach oben und schau in 82 m Höhe übers Meer. Für Führungen solltest du um 11 oder 14 Uhr da sein, in der Saison auch um 16.30 Uhr. Besonders schön sind die Vollmond- oder Sonnenaufgangstouren – der Blick ins Internet auf die aktuellen Veranstaltungen lohnt sich. *Mai–Sept. tgl. 9.30–19.30 Uhr, sonst eingeschränkt | Eintritt 11 Euro | Forsthaus Prora 1 | nezr.de*

RASENDER ROLAND

Die Reise, die du hier antrittst, ist eine ins Gestern. Der Rasende Roland dampft zwischen Göhren, Baabe, Sellin, Binz und Putbus und hält auch am Jagdschloss Granitz. Die Wagen sind historisch, der Kessel muss Schippe für Schippe unter Dampf gehalten werden, und die Lokomotive pfeift. Und erinnert auch daran, dass das Bahnnetz auf Rügen früher deutlich besser ausgebaut war als heute, wo man im Sommer mit dem Bus oft lange im Stau steht. *Fahrplan: ruegensche-baederbahn.de*

STRÄNDE

Wie es sich für ein Seebad gehört: Der *Binzer Strand* erfüllt alle Erwartungen an Sand und Infrastruktur (Toiletten, Imbiss, Strandkörbe).

RUND UM BINZ

6 BERGEN

17 km / 17 Min. von Binz mit dem Auto

Die Inselhauptstadt! Wenn du was anderes brauchst als Lebensmittel und Souvenirs, lohnt sich Bergen, wo es neben Einkaufsmöglichkeiten auch Ärzte und sogar ein Krankenhaus gibt. Was du dir angucken solltest: die *Marienkirche* aus dem 12. Jh., immerhin der älteste Backsteinbau in ganz Mecklenburg-Vorpommern, den Marktplatz mit Cafés und Restaurants und das kleine, aber liebevoll zusammengestellte *Stadtmuseum Bergen (Mai–Okt. Di–Sa 10–16.30, Nov.–April Di–Fr 10–15, Sa 10–13 Uhr | Eintritt 2 Euro | Billrothstr. 20a | stadtmuseum-bergen-auf-ruegen.de | ⏲ 0,5 h)*. Bergen heißt nicht ohne Grund so – beste Voraussetzungen für eine *Inselrodelbahn (Nov.–März 13 Uhr bis zur Dunkelheit, März–Okt. 10–18, Juli, Aug. bis 19 Uhr | Fahrt 2,50 Euro, Kinder 2 Euro | inselrodelbahn-bergen.de)*. Die liegt auf dem 92 m hohen Berg Rugard und ist das ganze Jahr über geöffnet. Wenn du also Schnee vermisst, kannst du „auf Schiene" rodeln. *N3*

SELLIN

(🕮 O3) **Auf der einen Seite der Selliner See, auf der anderen die Ostsee: Sellin (2600 Ew.) liegt inmitten von Naturräumen, schnell ist man im Granitzer Wald oder auf dem Mönchgut.**

Sellin ist chic, aber doch eine Spur lässiger als das 12 km nördlichere Binz. Die Wilhelmstraße, Sellins Promenade, verläuft nicht parallel zum Strand, sondern führt darauf zu. Und schließlich musst du einen Lift oder die „Himmelsleiter", die Treppe, nehmen, um vom Hochufer abzusteigen.

SIGHTSEEING/ ESSEN & TRINKEN

SEEBRÜCKE

Kein anderer Ort auf Rügen hat eine bebaute Seebrücke. Und auf dieser kannst du im prunkvollen Brückengebäude sogar essen gehen: Fisch, Fleisch und Vegetarisches, Kaffee und Kuchen. *Tgl. | Tel. 038303 929600 | seebrueckesellin.de | €€€*

SPORT & SPASS

AHOI RÜGEN

Ab ins (warme) Wasser: Wenn's draußen ungemütlich ist, ist das Schwimmbad die Alternative. Für Leuchtturmsauna, Kreidebad und U-Boot-Tepidarium opfert man unter Umständen auch mal einen Sonmmerabend. *Karfreitag–Okt. tgl. 10–22, Nov.–Gründonnerstag 14–21 Uhr | Eintritt ab 11 Euro | Badstr. 1 | ahoi-ruegen.com*

RUND UM SELLIN

7 BAABE

3 km/7 Min. von Sellin mit dem Auto

Baabe ist die kleine Schwester von Sellin, auf der Grenze zum Mönchgut. Perfekt für Ausflüge ins Biosphärenreservat oder an den Bodden. Beim Surfunterricht in der *Casa Atlantis (ab 80 Euro/Tag | Strandstr. 5 | Tel. 038303 955565 | kitesurfen-rügen.de)* wirst du hinfallen, aufstehen, hinfallen, aufstehen – und dabei surfen, kiten oder SUP lernen. *🕮 O–P 3*

8 GÖHREN

5 km/13 Min. von Sellin mit dem Auto

In der Seebad-Perlenreihe kommt Göhren nach Binz, Sellin und Baabe – geografisch – zum Schluss. Jetzt lauf noch ein Stück nach Osten, erst mal auf Göhrens Promenade, an der Seebrücke vorbei. Dann aus dem Ort raus, bis zum *Nordperd*, der östlichsten Spitze von Rügen, die weit in die Ostsee ragt. Geh im *Strandhaus 1 (Nordstrand 1 | Tel. 038308 25097 | strandhaus1.de | €€)* erst abendessen in der Kneipe (oft mit Livemusik) und setz dich dann zum Meeresrauschen an den Strand. *🕮 P3*

MÖNCHGUT

(🕮 O–P3) **Auf der Halbinsel liegt das ★ Biosphärenreservat Süd-**

ost-Rügen mit den wahrscheinlich schönsten Hügeln Norddeutschlands: den *Zicker Bergen*.
Deine Belohnung kriegst du, wenn du es zwischen Schafherden den Berg hinaufgeschafft hast: den Panoramablick über Bodden und Ostsee – und die Rohrdachhäuser von Groß Zicker, die sich als vorpommersche Reinkarnation von Hobbingen an den Fuß der Hügel kauern. Nimm am besten ein Picknick mit und genieß die Aussicht auf winzig kleine Segelboote, weites Meer und Bodden.

SIGHTSEEING

PFARRWITWENHAUS

Mindestens den Blumengarten des Pfarrwitwenhauses in Groß Zicker musst du sehen. Das niederdeutsche Hallenhaus von 1719 kann aber auch von innen besichtigt werden, inklusive wechselnder Kunstausstellungen. Vorsicht: Kopf einziehen! *Juni–Sept. Mo–Fr 10–17, Sa, So 13–17, Juli, Aug. bis 18 Uhr, sonst eingeschränkt | Eintritt 2,20 Euro | Boddenstr. 25 | Groß Zicker | short.travel/omv17 | 0,5 h*

ESSEN & TRINKEN/ SHOPPEN

FISCHRÄUCHEREI DUMRATH

Fisch gibt's am leckersten in diesem Imbiss und Laden, der etwa zur Hälfte den Fang von Mönchguter Fischern verkauft. Vater Dumrath fischt, der Schwiegersohn räuchert, Mutter und Tochter verkaufen. *In der Saison tgl. | Boddenstr. 25 | Groß Zicker | Tel. 038308 3 00 04 | €*

Bodden statt Strand: So sieht's auf Baabes „Rückseite" aus

Entspannen wie Fürst Malte kannst du im Badehaus Goor

LAUTERBACH

(▥ O3) **Lauterbach ist ein kleiner Ort (500 Ew.) in Südostrügen, eine Art Hinterzimmer der Insel.**

Wie das mit Hinterzimmern so ist, wird die Gegend gern mal übersehen. Dabei kreuzen im Hafen Segeljollen und -yachten, drum herum gibt es eine wunderschöne, an vielen Stellen halbwilde Boddenküste mit Steilklippen und versteckten Stränden. Die *Goor*, das Waldgebiet nördlich von Lauterbach, ist grandios im Frühling, wenn sich unter hellgrünem Laub ein Teppich aus weißen Buschwindröschen ausbreitet. Dort stehen Rotbuchen und Eichen, u. a. eine gespenstisch wirkende, blattlose, 600 Jahre alte Schirmeiche.

ESSEN & TRINKEN

KORMORAN

Hier fühlst du dich wie im Wohnzimmer von guten Freunden. Zudem ist das Essen grandios und regional. Die Pizzen sind aus Biozutaten, das Schweinefleisch von der Insel, der Fisch aus dem Bodden. *Tgl. | Am Yachthafen 1 | Tel. 038301 8 09 20 | im-jaich.de | €€*

SPORT & SPASS

PFAD DER MUSSE UND ERKENNTNIS

Nicht nur ein paar Infoschilder am Wegrand, sondern ein gepflegter Pfad in der Goor mit 19 Stationen. Nimm dir hier Zeit zum Riechen, Lauschen und Genauhinsehen – am besten bei einer Wanderung mit Steffi Deickert *(15 Euro/3 Std. | mobil 0162 1075374 | natur-beruehrt.de)*. Wer lieber allein unterwegs ist, kann sich die Broschüre zum Pfad im Badehaus Goor abholen.

SEGELN

Die *Segelschule Im Jaich (205 Euro/12 Std. | Tel. 038301 80940 | short.travel/omv16)* bringt dir die Grundlagen des Segelns bei. Wenn du aber von der Seefahrt träumst, solltest du mit Nele und Till fahren. Die betreiben die Pommersche Jagtquatze *Ernestine (Mai–Sept. | 45 Euro/3–4 Std. | mobil 01575 4559082 | ernestine-segeln.de)* als Familienunternehmen und lassen dich bei Tagestörns für Segelneulinge einen halben Tag Teil der Crew sein. Du darfst die roten Segel setzen und ans Steuer. Aber Vorsicht, nicht die Tonne rammen!

INSIDER-TIPP
Hol dicht die Schot!

STRÄNDE

STRAND LAUTERBACH

in Richtung Osten hat Lauterbach einen sehr schönen Naturstrand, der weiter oberhalb in die wunderschöne Goor, ein Waldgebiet, übergeht. Boddenstrand mit kleinen Wellen und eher flachem Wasser, daher sehr kindertauglich.

WELLNESS

BADEHAUS GOOR

Das Badehaus wie aus dem Märchen. Mit dem Day-Spa-Pass *(15 Euro)* kannst du in der Sauna schwitzen und schwimmen. Fürst Malte selbst hatte Lauterbach als Badeort auserkoren, sein ehemaliges Badehaus ist heute auch ein Hotel mit Restaurant *(tgl. | Tel. 038301 88260 | €€€)* und grenzt direkt an Wald und Wasser – die Lage ist immer noch so fürstlich wie vor fast 200 Jahren. *Fürst-Malte-Allee 1 | hotel-badehaus-goor.de* | €€–€€€

RUND UM LAUTERBACH

9 INSEL VILM

3 km/15 Min. von Lauterbach mit der Fähre

Betreten (eigentlich) verboten! Die Natur auf Vilm ist geschützt und darf nicht betreten werden. Einzige Ausnahme: eine geführte Wanderung, die man aus zwei Gründen unbedingt mitmachen muss: 1. Kopfkino vor den Fenstern von Erich Honeckers ehemaligem Ferienhaus. 2. Herzklopfen, wenn man zwischen uralten Buchenstämmen plötzlich auf das blaue Wasser schaut. *Im Sommer zweimal tgl., Anmeldung frühzeitig im Voraus | 18 Euro/4 Std. | Tel. 038301 61896 | vilmexkursion.de* | *O3*

10 ZUDAR

24 km/20 Min. von Lauterbach mit dem Auto

Die meisten Besucher lassen den Zudar, die Halbinsel ganz im Süden von Rügen, einfach links liegen. Mach das nicht! Sonst verpasst du mindestens

INSIDER-TIPP
Wilder Strand

den Strand *Palmer Ort.* Keine Strandkörbe, kein Eis, kein Kommerz. Aber: wilder Strand, wilde Dünen und Kieferngebüsch. Und Baden im Ausgang des Strelasunds. *N4*

PUTBUS

(N-O3) **„Dream big" war vermutlich der Leitspruch von Fürst Malte zu Putbus. Um nicht hinter anderen Adeligen zurückzustehen, errichtete er 8 km südlich von Bergen eine Reihe von klassizistischen Prachtbauten, die mit der umliegenden Stadt (4300 Ew.), dem Park und der Landschaft ein Gesamtkunstwerk bilden.**

Ziemlich imposant sind *Fürstenhaus* und *Circus*. Im *Schlosspark* finden Spaziergänger unter exotischen Bäumen Schatten, ein Rot- und Damwildgehege – und im Frühling Bärlauch.

SIGHTSEEING

ORANGERIE

Hinter den hohen Glasfenstern herrschten zu Fürst Maltes Zeiten beste Bedingungen für die Zucht von Zitrusfrüchten. Nun schlenderst du in den lichtdurchfluteten Räumen durch wechselnde Kunstausstellungen. *Di–So 11–18 Uhr | Eintritt variiert je nach Ausstellung | Alleestr. 35*

ESSEN & TRINKEN

ROSENCAFÉ

Schönster Blick von der Terrasse in den Rosengarten des Schlossparks. Dazu gibt's das Schlaraffenland: eine große Auswahl an Kuchen und Torten. Gebacken wird nach regionalen, aber auch internationalen Rezepten. *Tgl. | Bahnhofstr. 1 | rosencafe-putbus.de*

Was blüht weiß im Putbuser Schlosspark … und riecht? Bärlauch!

AUSGEHEN & FEIERN

THEATER PUTBUS

Allein wegen der Atmosphäre ist das Theater einen Besuch wert, denn der Saal gehört zu Fürst Maltes Architekturkomposition. Und es wird immer noch bespielt: Das Ensemble des Theaters Vorpommern kommt aus Greifswald und Stralsund mit Musiktheater, Schauspiel und Ballett das ganze Jahr über nach Rügen. *Markt 13 | Tel. 038301 80 83 30 | short.travel/omv18*

RUND UM PUTBUS

11 MUSEUMSHOF PUDDEMIN

15 km / 17 Min. von Putbus mit dem Auto

Als Regina und Wolfgang Zeitz das erste Mal nach Puddemin kamen, verloren sie ihr Herz an den Ort und schufen so etwas wie ein kleines Freilichtmuseum, indem sie drei Häuser aus dem 17., 18. und 19. Jh. ökologisch und denkmalgerecht sanierten. Regina Zeitz organisiert den *Puddeminer Märchensommer* und betreibt hier eine Galerie. Einen Hauch von Märchenzauber spürt man auch, wenn man vom Museumshof auf Hafen und Sund schaut. *Öffnungszeiten s. ruegen.live | Puddemin 10 | mobil 01577 1 57 19 33 |* 📖 *N3*

12 RAMBIN

21 km / 22 Min. von Putbus mit dem Auto

Ein paar Häuser des Orts sind mit Rohr gedeckt, ein ehemaliges Kloster aus dem 14. Jh. verfällt langsam. Das *Heimatmuseum (Mo–Fr 9–15 Uhr, nur nach tel. Anmeldung | Tel. 038306 6 29 45 | Eintritt frei | heimatverein-rambin.jimdo.com | 0,5 h)* lädt einmal im Monat zu „Backofengesprächen" mit wechselnden Themen, während unter einer alten Buche Brot und Kuchen im Ofen backen. Probier in der *Rügener Insel-Brauerei (tgl. 10–19 Uhr | Eintritt frei | Hauptstr. 2c | insel-brauerei.de | 0,5 h)* einige der besten deutschen Biere. Bei den jährlich ausgetragenen World Beer Awards gewann die Brauerei 2018 den Preis für das weltbeste Belgian Blonde und das weltbeste Brut Beer mit Quadriga. Im Verkostungsraum kannst du dich durch die verschiedenen Sorten trinken und den Brauern über die Schulter schauen. 📖 *M3*

INSIDER-TIPP
Weltbestes Bier

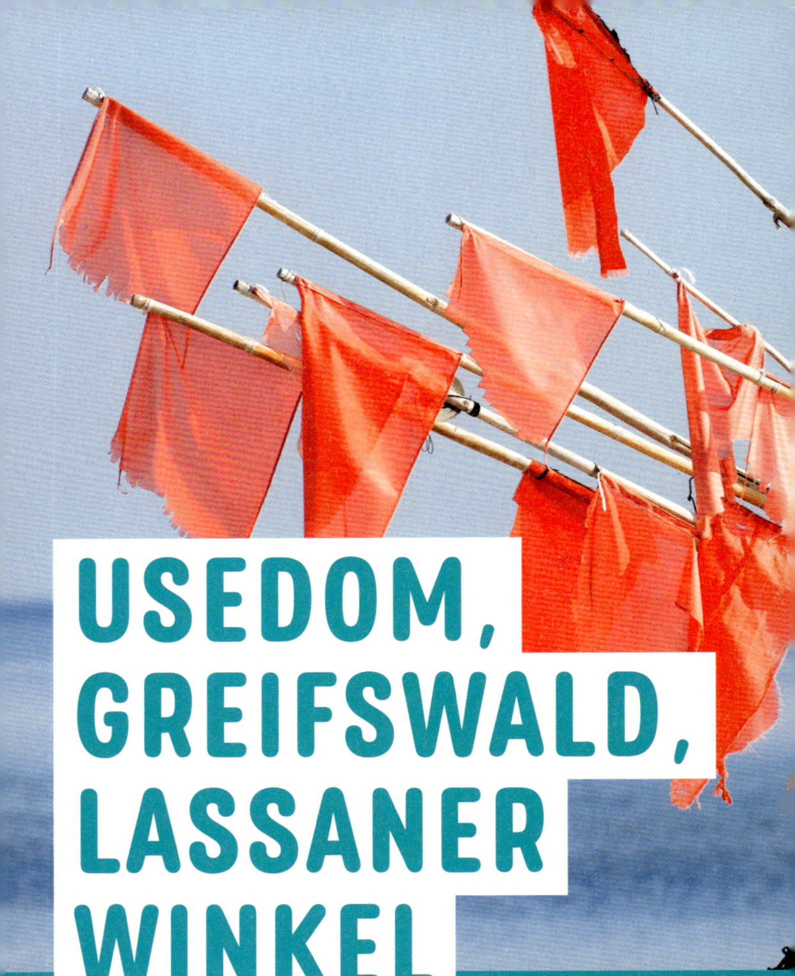

USEDOM, GREIFSWALD, LASSANER WINKEL

STILLER BODDEN, RAUES MEER

Usedom ist wie eine Schichttorte. Erst das Meer. Dann Strand (insgesamt 42 km!) und Seebäder. Dann das Hinterland. Und zuletzt das Achterwasser.

In Usedoms Osten wartet das Ausland, nach Swinemünde ist es von Ahlbeck aus genauso weit wie nach Bansin. Im 19. Jh. kam der Bädertourismus voll in Fahrt, seither heißt Usedom auch „Badewanne der Berliner". Und die Beliebtheit der Insel nimmt immer noch zu: Jedes Jahr werden die Staus auf der Bundesstraße ein bisschen län-

Eines der wenigen Strandfischerboote, die es auf Usedom noch gibt

ger. Steig deshalb auf die Usedomer Bäderbahn und das Fahrrad um. Dann siehst du auch mehr von den Hügeln und Seen, den Küstenwäldern und Stränden, gerade in den Regionen, die nicht ganz so voll sind wie die Seebäder entlang von Usedoms Küste: dem Hinterland, aber auch den Orten rund um die Hansestadt Greifswald und im Lassaner Winkel.

Über die Insel Usedom informiert dich auch der MARCO POLO Band „Usedom".

USEDOM, GREIFSWALD, LASSANER WINKEL

MARCO POLO HIGHLIGHTS

★ **SEEBRÜCKE AHLBECK**
Deutschlands älteste, berühmt seit Loriots „Pappa Ante Portas ➤ S. 117

★ **KLOSTERRUINE ELDENA**
So hoch, so alt, so geheimnisvoll …
➤ S. 107

★ **MARKTPLATZ GREIFSWALD**
Gotische Giebel und viel Leben auf dem Kopfsteinpflaster ➤ S. 106

★ **POMMERSCHES LANDESMUSEUM**
Goldener Halsreif, edle Robe und – natürlich – Caspar David Friedrich
➤ S. 106

★ **STRANDPROMENADE BANSIN–SWINEMÜNDE**
12 km grenzenloses Spazierengehen
➤ S. 114

GREIFSWALD

(📖 N5) **In vielen anderen Gegenden wäre Greifswald (57.000 Ew.) vermutlich einfach eine Kleinstadt.** Im Vergleich zum eher verschlafenen Rest Vorpommerns ist Greifswald eine Metropole, wenn auch eine sehr kleine. Aber dank Universität jung und lebendig. Im Sommer liegen massenhaft Segelboote im Museumshafen und der Museumswerft am Ryck; der Marktplatz und die Lange Straße sind voller Menschen. Greifswald ist ein kulturelles Zentrum, „Leuchtturm" nennt die Stadtverwaltung das gern. Schon von Weitem sieht man die drei Türme, ein Blick auf die Stadt, den Caspar David Friedrich in seinem Bild „Wiesen bei Greifswald" festgehalten hat.

SIGHTSEEING

MARKTPLATZ ★

Einer der schönsten Marktplätze Norddeutschlands: kopfsteingepflastert, genau in der richtigen Größe und eingefasst vom roten *Rathaus* aus dem Jahr 1300 und mittelalterlichen Giebelhäusern. Vor dieser Kulisse bauen dienstags, freitags und samstags die Marktleute ihre Stände auf. Auch der kleinere *Fischmarkt* auf der anderen Seite des Rathauses hat was zu bieten: Cafés und Restaurants und den *Fischerbrunnen* mit Bronzefiguren.

POMMERSCHES LANDESMUSEUM ★ ☂

Wirf nicht nur einen kurzen Blick auf die berühmten Bilder von van Gogh und Friedrich. Auch die historischen Ausstellungen sind toll: Eine Hansekogge schaukelt auf den Wellen. Der Mantel des Rektors der Universität, 1619 gewebt, sieht aus, als warte er darauf, angezogen zu werden. Und zu was der 2500 Jahre alte Halsring aus massivem Gold wohl diente? Nimm dir Zeit und hör dem Audioguide zu, dessen kleine Hörstücke die Geheimnisse der Ausstellungsstücke offenlegen. *Mai–Okt. Di–So 10–18, Nov.–April bis 17 Uhr | Eintritt 6,50 Euro | Rakower Str. 9 | pommersches-landesmuseum.de | ⏲ 2 h*

INSIDER-TIPP
Was hinter den Objekten steckt …

CASPAR-DAVID-FRIEDRICH-ZENTRUM

In Caspar David Friedrichs (1774–1840) Geburtshaus verfolgst du die Stationen seines Künstlerlebens, das Leben im 18. Jh. und den Beruf seines Vaters, eines Kerzenziehers und Seifensieders. Wie das geht mit den Kerzen und der Seife kannst du selber ausprobieren: beim Kerzenziehen und Seifengießen mit Motiven je nach Jahreszeit (Gruselseifen, Superhelden, Nikolaus …). *Juni–Okt. Di–So, Nov.–Mai Di–Sa 11–17 Uhr | Eintritt 3,50 Euro, Kinder bis 12 Jahre frei | Lange Str. 57 | ⏲ 0,5 h*

INSIDER-TIPP
Mach dir eine Gruselseife

DOM SANKT NIKOLAI

Der Dom sieht aus wie ein Haus, das viele Besitzer hatte. Und jeder hat etwas zurückgelassen. Da sind Reste von Malereien und Grabplatten aus

dem Mittelalter, die Turmhaube aus der Schwedenzeit, Ausstattungsteile aus dem 19. Jh. Über eine Wendel- und mehrere steile Holztreppen kommt man auf die 60 m hohe Aussichtsplattform und schaut weit über die Stadt, den Ryck und den Bodden. *Mai–Sept. Mo–Sa 10–18, So 11.30–12.30 u. 15–18, Okt.–April Mo–Sa 10–16, So 11.30–15 Uhr | Turmbesteigung 3 Euro | Caspar-David-Friedrich-Straße | dom-greifswald.de | ⏲ 0,5 h ohne Turmbesteigung*

KLOSTERRUINE ELDENA ★

Wie aus der Zeit gefallen wirken die Reste des ehemaligen Klosters im Greifswalder Stadtteil Eldena. So hoch, so alt, so geheimnisvoll sind die über 800 Jahre alten Säulen, die Tür- und Fensterbögen aus Backstein. Das fand auch der in Greifswald geborene Romantiker Caspar David Friedrich und machte die Ruine, in der Buchen wachsen, mit seinen Bildern weltberühmt. Im Sommer Theatervorstellungen und Konzerte auf der Freilichtbühne. *Jederzeit zugänglich | Eintritt frei | ⏲ 0,5 h*

ESSEN & TRINKEN

HORNFISCHBAR POMERIA

Esst mehr Bratfisch! Das ist das Motto auf dem kleinen Schiff im Museumshafen. Köstlich ist das Tomatendressing zum Salat. Und der (scharfe!) Ofenfeta. Vorsicht: Bei gutem Wetter und vollen Tischen kann es lange dauern, bis das Essen kommt. *Ostern–Okt. tgl. | im Museumshafen | mobil 0171 1722400 | hornfischbar.de | €€*

… und nach dem Spaziergang am Ryck: Kaffeepause!

CAFÉ KÜSTENKIND

Wild zusammengewürfelte alte Sofas und Stühle, öko-faire Produkte, Kaffee lokal geröstet. Lieblingscafépotenzial! Unbedingt die selbst gemachte Himbeer-Minz-Limonade probieren. *Mi geschl. | Lange Str. 69 | Facebook*

SPORT & SPASS

SPAZIERGANG AM RYCK

Diesen Weg musst du laufen: Der 4 km lange Treidelpfad vom Stadthafen zu den Stadtteilen Eldena und Wieck ist kurvenreich – und wunderschön: am Ryck entlang, vorbei an Apfelbäumen und Graureihern. Das Fischerdorf hat eine berühmte, zigmal restaurierte *Klappbrücke*. Und Fischerhäuser, Restaurants und Cafés.

HEIMATTIERPARK GREIFSWALD

Nutrias, Kängurus oder Erdmännchen: Auch ohne Tiger und Eisbären ist das ein Supertierpark, sehr liebevoll angelegt. Der Höhepunkt jedes Besuchs: der Wasserspielplatz, wo die Kinder mit einem Seilfloß über einen knöcheltiefen Teich schippern. *Mai–Sept. tgl. 9–18, April, Okt. 9–17, Nov.–März 10–16 Uhr | Eintritt Erw. 5, Kinder (ab 3 J.) 2,50, Familien ab 12 Euro | Anlagen 3 | tierpark-greifswald.de | 0,5 h*

INSIDER-TIPP
Alle Mann an Bord!

AUSGEHEN & FEIERN

Kino auf Segeln im Museumshafen, finnische Akkordeonmusik und Trash-Theater gibt's, aber nicht immer und auch nicht immer an den gleichen Orten. Schau darum in den Kulturkalender *(kulturkalender.greifswald.de)*, der auch gedruckt in der Touristinformation ausliegt.

INSIDER-TIPP
Geheimnisträger

KONTORKELLER

2000er-Partys, Hip-Hop, Elektro: Der Club ist an den Wochenenden in den Vorlesungszeiten eine sichere Bank zum Feiern. *Fr, Sa | Am Markt 12–13*

MUSEUMSHAFEN

Place to be ist an Sommerabenden das nördliche Hafenufer, auch Affenfelsen genannt. Fischbrötchen und Getränke verkauft der *Kutter Tortuga*, Kaffee holst du dir an einer Bude. Hunderte Studenten machen es sich auf den Rasenflächen bequem, Grill reiht sich an Grill. Die ganze Stadt trifft sich hier zu einer kollektiven Sommernachtsparty.

RUND UM GREIFSWALD

1 LUBMIN

20 km/25 Min. von Greifswald mit dem Auto

Lubmin ist ein unterschätztes und deswegen angenehm wenig kommerzialisiertes Seebad. Der lange Lubminer Strand ist wegen des flachen Wassers die beste Badewanne für deine unter Dreijährigen. Wegen des Kiefernwalds besonders schön ist der Strand unterhalb des Waldstücks zwischen Ort und Yachthafen. Die vielleicht beste Kiteschule der Region heißt *Boardway Wassersportzentrum (Schnupperkurs 45 Euro/Std. | Am Strandweg 1 | Loissin | Tel. 038352 66 25 99 | boardway.org)* und liegt 7 km westlich von Lubmin. Probier hier auch mal, auf dem wackeligen SUP zu stehen. Oder hast du Lust, Katamaransegeln auszuprobieren? Geht auch erst mal auf Nummer sicher, im Tandem. Zum *Hotel Seebrücke (Dünenstr. 55 | Tel. 038354 35 30 | hotelseebruecke.de | €€)* gehört ein unprätentiöses Lokal, in dem es ehrliche Hausmannskost gibt. Die Art von Laden, in dem sich alle treffen.
O5

INSIDER-TIPP
Kieferduft und freie Sicht

LASSANER WINKEL

(P5-7) **Genau genommen ist der ganze Winkel ein Geheimtipp. Hier, zwischen Anklam und Wolgast, wirst du augenblicklich in in eine Art Entspannungstrance fallen. Lassan (1500 Ew.) direkt an der Peene ist still, zeitlos.**
Nach einem Tag kennst du jeden Stein auf der Straße. In den Dörfern ringsum, die man zum Teil nur auf Sandstraßen erreichen kann (lass dein Auto am besten irgendwo stehen), leben Menschen, die Ruhe und Natur gern mit anderen teilen.

SIGHTSEEING

DUFT- UND TASTGARTEN PAPENDORF

Riechen und anfassen ist erwünscht. Im Duft- und Tastgarten findest du raus, wie gut du dich mit Kräutern und Blüten auskennst. Oder setz dich einfach nur mal hin und entspanne. *Jederzeit zugänglich, Führung Mi, So 15 Uhr | Eintritt 3,50 Euro, Führung 8 Euro | Am Weiher 9 | Papendorf | mirabellev.de | 0,5 h*

TILL RICHTER MUSEUM

Als wäre es ein blinkendes Raumschiff, so steht das Museum für internationale moderne Kunst in Buggenhagen und zieht Kunstkenner nach Vorpommern. Till Richter lehrte Kunstgeschichte in Texas. Jetzt zeigt er die Werke der, wie er sagt, „talentiertesten nationalen und internationalen Künstler" im Buggenhagener Schloss.

INSIDER-TIPP
Der Blick des Hausherrn

An den Öffnungstagen führt er um 15 Uhr persönlich durch die Sammlung. *Do–So 11–18 Uhr | Eintritt 10 Euro | Straße des Friedens 6 | tillrichtermuseum.org | 1 h*

ESSEN & TRINKEN

ACKERBÜRGEREI

Die Bürgerei in Lassan ist Treffpunkt und eine Art Zentrale des Lassaner Winkels. Hier gibt es eine Sauna, zehn Ferienwohnungen, einen Kanuverleih und leckeres Essen, das zum großen Teil aus der Region stammt – dekoriert mit Kräutern aus dem Garten. *April–Okt. tgl. | Lange Str. 55–57 | Tel. 038374 51 11 | ackerbuergerei.de | €*

WEBCAFÉ

In ihrer Weberei in Pulow bietet Frau Schöne selbst gemachten Birnensaft und Kuchen an und zeigt dir, wie man webt. Wenn du einen eigenen kleinen Teppich oder Schal weben möchtest, rufst du am besten vorher an. *Mai–Okt. tgl. 10–17 Uhr | Bergstr. 2 | Tel. 038374 8 29 48*

SHOPPEN

KRÄUTERGARTEN POMMERLAND

„Blütenreigen", „Drachenglut", „Sternenklang" heißen die Teemischungen, die aus den hier angebauten Kräutern kreiert werden. Wer es nicht schafft vorbeizuschauen, kann die Tees auch online bestellen. *Am Sonnenacker 3–5 | Pulow | kraeutergartenpommerland.de*

SPORT & SPASS

Klares Wasser und maximal die Dorfjugend, mit der man es teilt: Gleich eine ganze Reihe von Seen gibt es im Lassaner Winkel: den *Berliner See*, den *Pulower See*, den *Kleinen* und *Großen Pinnower See* sowie den *Kleinen* und *Großen Papendorfer See*. Kleine Badestellen, häufig mit Schaukelseil und Feuerstelle, finden sich versteckt an den Ufern. Besonders allein ist man am Pinnower See.

ZINNOWITZ

(P5) **Zinnowitz (3700 Ew.) ist das größte Seebad im Norden von Usedom und hat selbstverständlich Strand, Seebrücke und, klar, Bäderarchitektur zu bieten. Aber hinter der Oberfläche eines Seebads ist es ein Ort mit Geheimnissen.**

Zum Beispiel sind da diese rätselhaften Holzskulpturen an der Promenade. Eine Mutter mit Baby, zwei Liebende, eine Hand, deren Finger aus dem Boden zu wachsen scheinen. Oder das verfallene Kurhaus mit Park. Das kann man als Schandfleck empfinden – oder eben als geheimnisvoll.

SIGHTSEEING

VILLA MEYER

Reinhard Meyer lebte und malte vor 1990 im Untergrund, nun stellt er mit

Zinnowitz' Strandpromenade führt vorbei an Villen und Holzskulpturen

seiner Frau Brigitte Malerei, Grafiken und Objekte aus. INSIDER-TIPP Familientrio Mittwochabends ab 20 Uhr geben sie zusammen mit ihrem Sohn Robert Galeriekonzerte unter dem Namen „Jazzcasino". Dann ist auch die Bar geöffnet. *Tgl. 14–18 Uhr | Eintritt je nach Veranstaltung | Wilhelm-Potenberg-Str. 1 | usedomerkunsthaus.de | 0,5 h*

TENDENZ TEE- UND CAFÉ-HAUS

Probier dich erst mal durch alle Teesorten, ehe du dich entscheidest. Denn dies ist nicht nur ein Tee- und Weinladen, sondern auch ein kleines Café. Im Sommer sitzt du draußen im Naturgarten zwischen Apfelbäumen, Thuja, Eichen und Buchen, im Winter wärmt dich der Kamin. *Tgl. | Waldstr. 26a | short.travel/omv43*

ESSEN & TRINKEN

ZUM SMUTJE

Hier musst du dich nicht entscheiden, es gibt nur Fisch. Die Speisekarte lässt sich als Abriss der Usedomer Geschichte lesen: Der Graved Lachs schmeckt nach Schwedenzeit, das Erbe der DDR findet sich in der Fischsoljanka. *Tgl. | Vinetastr. 5a | Tel. 038377 4 15 48 | zum-smutje.de | €€€*

SHOPPEN

GALERIE USEDOMFOTOS

Mit seiner Galerie will Matthias Grünling den vielen Naturfotografen auf der Insel eine Bühne bieten. Die Bilder kannst du nach dem Ansehen auch als Erinnerung mit nach Hause nehmen, aufgezogen oder mit Passepartout. *Mi–So 14–18 Uhr | Kirchstr. 4 | usedomfoto.de*

AUSGEHEN & FEIERN

PUB SEALORD

Deine Chance, endlich mal Einheimische zu treffen. Große Whiskyauswahl. Sonntags mit Livemusik. *Vinetastr. 5*

RUND UM ZINNOWITZ

2 CORI YOGA

6 km / 15 Min. von Zinnowitz mit dem Auto

Mach hier den nach unten schauenden Hund und irgendwann vielleicht auch einen Kopfstand – Yogakurse gibt es hier je nach Saison, im Studio aber auch draußen, sogar am Meer. *Kampstr. 47 | Trassenheide | Tel. 038371 5 59 91 | cori-yoga.de |* *P5*

3 SURFSCHULE USEDOM

12 km / 19 Min. von Zinnowitz mit dem Auto

Im Hautquartier der Surfschule nehmen dir die superprofessionellen Ausbilder den Bammel vorm Kiten und Surfen, das sie maximal in Vierergruppen unterrichten, und verleihen auch Kanus und SUP-Boards. *Zeltplatzstr. 11/Strandabschnitt 10B | Karlshagen | Tel. 0179 6 65 33 | surfschule-usedom.com |* *P5*

4 ATELIER OTTO NIEMEYER-HOLSTEIN

17 km / 13 Min. von Zinnowitz mit dem Auto

Wie sehr Otto Niemeyer-Holstein Kunst als Lebensphilosophie verstan-

Ohne Schnellbahn keine Rakete! Weshalb erfährst du im Historisch-Technischen Museum

den hat, begreifst du, wenn du in seinem Garten stehst. Niemeyer-Holstein war einer der berühmtesten Künstler der DDR. Erst mit einer Führung *(11, 12, 14 Uhr)* erschließt sich dir das Gesamtkunstwerk aus Wohnhaus, Garten und Atelier an der schmalsten Stelle Usedoms. Von der *Familienführung (Mi 11 Uhr | Erwachsene 5 Euro, Kinder 2 Euro | 1 h)* werden deine Kinder noch lange erzählen. *Anfang April–Mitte Okt. tgl. 10–18 Uhr, Winter s. Website | Eintritt 4 Euro, Kinder 2 Euro | Lüttenort 1 | Koserow | atelier-otto-niemeyer-holstein.de | Q5*

5 PEENEMÜNDE

17 km/21 Min. von Zinnowitz mit dem Auto

Im Ort (17 km nördlich) erinnert noch vieles an seine düstere Vergangenheit: Die Nazis entwickelten hier die sogenannte V2-Rakete. Wie es dazu kam, erfährst du im *Historisch-Technischen Museum (April–Sept. tgl. 10–18, Okt.–März bis 16 Uhr, Nov.–März Mo geschl. | Eintritt 8 Euro | peenemuende.de | 2 h)* im ehemaligen Kraftwerk. Der 25 km lange Rundweg *Denkmal-Landschaft* bringt dich zu historisch interessanten Stationen in der Umgebung. Leichter fühlt sich ein Besuch am *Peenemünder Nordstrand* an, wo du nach stürmischen Tagen vielleicht Glück beim Bernsteinsuchen hast. Die *Apollo-Fahrgastreederei (unbedingt vorbuchen | Robbenplätze 20 Euro, Greifswalder Oie 25 Euro | Tel. 038371 20829 | reederei-peenemünde.de)* fährt dich ab Peenemünde zu den Robbenplätzen im *Greifswalder Bodden* oder auf die Vogelschutzinsel *Greifswalder Oie*, wo du – schon auf der offenen Ostsee – den *Leuchtturm (Eintritt 3 Euro)* besteigen kannst, um weit draußen einen grandiosen Blick auf Bodden, Ostsee und das verbindende Fahrwasser zu haben. *P5*

INSIDER-TIPP
Verschaff dir Überblick

6 GNITZ

7 km/11 Min. von Zinnowitz mit dem Rad

Mach 'ne Radtour auf die Halbinsel Gnitz und erkunde die Ganggräber und den *Weißen Berg* mit schönem Blick übers Achterwasser. Leg in Neuendorf einen Einkaufsstopp im *Hofladen Villa Kunterbunt (Zinnowitzer Str. 6 | hofladen-usedom.de)* ein, der Säfte, Fleisch, Honig, Marmelade, Brot, bunte Wolle und Felle vom eigenen Hof und Produkte aus der Umgebung verkauft. Hühner scharren im Sand, Schafe und Katzen darfst du streicheln. *P5–6*

7 WOLGAST

11 km/12 Min. von Zinnowitz mit dem Auto

Du kommst an Wolgast nicht vorbei, wenn du von Norden kommend auf dem Landweg nach Usedom willst – und du solltest unbedingt einen Zwischenstopp einlegen: allein wegen der schönen Altstadt mit Giebel- und Fachwerkhäusern. Die „Kaffeemühle", das *Stadtmuseum (Di–Fr 10–18, Sa, So bis 16 Uhr | Eintritt 4 Euro | Rathausplatz 6 | museum.wolgast.de | 0,5 h)*, ist nach den Kirchen das älteste Gebäude der Stadt und zeigt die

Bei einem Hafenspaziergang in Wolgast tun sich ganz neue Blicke auf die Stadt auf

Geschichte der pommerschen Herzöge, der Schwedenzeit, aber auch eine Sammlung von Fischerteppichen. Die haben tatsächlich Freester Fischer 1928 während einer Schonzeit zur Erholung der Fischbestände geknüpft. Auch wenn Philipp Otto Runges (1777–1810) Bilder weit weg in der Hamburger Kunsthalle hängen, kannst du dir in seinem *Geburtshaus (Di–Fr 10–18, Sa, So bis 16 Uhr | Eintritt 3 Euro | Kronwiekstr. 45 | museum.wolgast.de | 0,5 h)* die schönsten Nachdrucke ansehen. Wenn du noch Zeit auf dem Festland verbringen willst: *Der Speicher (tgl. | Hafenstr. 22 | Tel. 03836 231891 | speicher-wolgast.de | €€)* hat ein Restaurant, wo du zwischen Kompass und Seemannsknotentafel vor allem Schnitzel, Ofenkartoffel und Co. essen kannst. *P5*

BANSIN

(Q6) **In Bansin (1042 Ew.), dem kleinsten der Kaiserbäder, beginnt die 12 km lange ★ Strandpromenade, die sich über Heringsdorf und Ahlbeck bis nach Swinemünde zieht – sie ist die längste in Europa.** An der Promenade stehen weiße Villen mit Balkonen und Veranden, verspielte Versionen von gründerzeitlichen Stadthäusern. In Richtung Ückeritz wächst der Wald bis an die Dünen.

ESSEN & TRINKEN

FORSTHAUS FANGEL

Das Forsthaus ist ein Schätzchen, ein Café mitten im Wald bei Neu-Sallen-

INSIDER-TIPP
Hier nur Kännchen

thin. Du sitzt auf der Terrasse oder auf einer Holzveranda mit weißen Deckchen, bei einem Kännchen Kaffee mit Sahne und Zucker – so wie früher. *Mo geschl.*

SPORT & SPASS

KREBSSEEN

Wenn du schon kiloweise Sand in der Ferienwohnung hast und von Strand, Promenade und Seebadvergnügungen erst mal genug, leih dir ein Rad und fahr zu den Krebsseen, die zwischen bewaldeten Hügeln liegen. Steig auf den Hochsitz des Sieben-Seen-Bergs an der Bergmühlenstraße. Mit viel gutem Willen kannst du von dort oben sieben Gewässer ausmachen. Falls nicht, ist das auch nicht schlimm: Die Aussicht ist in jedem Fall grandios!

RUND UM BANSIN

8 STRANDCAFÉ UTKIEK

13 km/11 Min. von Bansin mit dem Auto

Bratkartoffeln und so viele Heringe, wie du schaffst. Das gibt's im Utkiek. Der Rekord liegt bei 19, Normalesser mögen eher zwei bis drei. Drinnen guckst du auf DDR-Devotionalien, die Geschichten erzählen, draußen auf die Ostsee. *Tgl. | Strandstr. 16 | Tel. 038375 2 04 08 | utkiek-ueckeritz.de | €€ | Q5*

9 MELLENTHIN

14 km/15 Min. von Bansin mit dem Auto

Wenn die Küste in der Hauptsaison mehr als „packed" ist, dann weich ins Binnenland aus. Zum Beispiel nach Mellenthin. Der *Gutshof Insel Usedom (Dorfstr. 24 | Tel. 038379 2 07 00 | gutshof-usedom.de)* ist ein Biohotel und -betrieb, der sein Getreide selbst mahlt und Öle produziert. Falls du nichts essen, trinken oder kaufen willst, schlendere um das *Mellenthiner Schloss* samt Wassergraben. Im Schloss findest du ein gutbürgerliches *Restaurant (tgl. | Tel. 038379 2 87 80 | wasserschloss-mellenthin.de | €€)*, eine Kaffeerösterei, ein Hotel und eine Sauna. Und dienstags ein mittelalterliches Ritterbuffet. Mit Gaukler und Mittelalteratmosphäre. *Q6*

INSIDER-TIPP
Wildschweinbraten und Bier im Krug

HERINGSDORF

(R6) **Alles begann mit Heringen: Anfang des 19. Jhs. war Heringsdorf (3100 Ew.) nur eine winzige Fischersiedlung mit Heringsabpackerei am Strand. Dann kamen die ersten Gäste, ein Warmbad und Unterkünfte, und bis zum Zweiten Weltkrieg war der Ort Hotspot der Oberschicht.**

Nach der Wende wurden viele alte Häuser restauriert, andere abgerissen

Das meistfotografierte Haus im Lieper Winkel ist blau und steht in Warthe

und Hotelkomplexe hochgezogen, doch Prunk ist immer noch zu sehen.

SIGHTSEEING

KUNSTPAVILLON

Unter dem Ziehharmonikadach veranstaltet ein umtriebiger Verein Ausstellungen und Aktionen. *März–Sept. 15–18, Okt. ab 14 Uhr | Eintritt 2 Euro | Promenade im Rosengarten | kunstpavillon-ostseebad-heringsdorf.de | 0,5 h*

MUSEUM VILLA IRMGARD

Vorträge, Malkurse und historische Filme – für Mariusz Lokarj, der das Kulturhaus betreibt, „lauter kleine Perlen". Ganz besonders schöne sind die Abendveranstaltungen dienstags und donnerstags: Kabarett oder Konzert bei Kerzenlicht. Eine Etage der Villa ist für die Erinnerung an den Schriftsteller Maxim Gorki reserviert, der sich 1922 in Heringsdorf erholte. *Mai–Sept. Di–So 14–18, Okt.–April 12–16 Uhr | Eintritt 4 Euro | Maxim-Gorki-Str. 13 | short.travel/omv41 | 0,5 h*

ESSEN & TRINKEN

MARC O'POLO STRANDCASINO

Im ehemaligen Strandcasino mischt sich Einkaufen und Essen. In der Küche des Restaurants *O'ne* haben Arjan Mensies und der Sternekoch Tom Wickboldt das Sagen. Ihre Menüs sind eher Kunst als Handwerk und bringen vorpommersche und Gourmetküche zusammen. *So–Di geschl. | Kulmstr. 33 | Tel. 038378 18 39 12 | strandcasino-marc-o-polo.com | €€€*

SPORT & SPASS

OSTSEETHERME USEDOM

Salzig ist das Wasser hier auch, doch selbst im Hochsommer wärmer als die Ostsee. Rummel dich hier in eines der sechs Becken oder schwitz in den vier Saunen. *Mai–Okt. Mo–Sa 10–22, So bis 20, Nov.–April 10–21, So bis 20 Uhr | Eintritt ab 16 Euro | Lindenstr. 60 | ostseetherme-usedom.de*

SCHIFFSAUSFLÜGE

Ein Tagesausflug ohne Stau und Parkplatzsuche: Nimm das Schiff zu einem Ziel, das du noch nicht kennst, z. B. Swinemünde oder Misdroy, Ahlbeck oder Bansin … *Hin- und Rückfahrt ab 14 Euro | adler-schiffe.de*

AUSGEHEN & FEIERN

SOMMERKINO

Ein schräges Bild, wenn im Hochsommer Hunderte Menschen mit Funkkopfhörern auf den Ohren neben der Seebrücke am Strand sitzen und gebannt auf die Leinwand schauen. *Ende Juni–Anf. Sept. | Eintritt 8 Euro | kaiserbaeder-sommerkino.de*

RUND UM HERINGSDORF

10 LIEPER WINKEL

26 km / 30 Min. von Heringsdorf mit dem Auto

Stehst du eher auf Achterwasserromantik und Rohrdächer als auf Strandkorb? Dann komm in den Lieper Winkel. Wie eine Faust ragt er im Südwesten von Usedom in den Peenestrom. Im Hauptort Rankwitz verkauft die *Alte Fischräucherei (tgl. | Am Hafen | Tel. 038372 70521 | hafen-rankwitz.de | €€)* besten Fisch aus dem Rauch – auch zum Mitnehmen. Einen Überblick verschaffst du dir auf dem *Jungfernberg*. Mit Verpflegung kannst du dich im *Bioladen Grünfink (nur in der Saison geöffnet | Dorfstr. 21 | Quilitz | bioladen-usedom.de)* eindecken – und mit Infos zum Winkel. *P–Q6*

AHLBECK

(R6) **Bis zum Ende des 19. Jhs. lebten nur ein paar Fischer am Ausgang der Beek und fischten Aale. Dann kam der Badetourismus. Und ruck, zuck war Ahlbeck (3113 Ew.), das Seebad, geboren.**

Mit dem Kaiserbäder-Dreiklang aus Bäderarchitektur, Strandpromenade und Seebrücke. Für Letztere ist Ahlbeck bekannt – und für die Nähe zur Grenze.

SIGHTSEEING

SEEBRÜCKE ★

Seit dem Showdown des Loriot-Films „Pappa ante Portas" kennt sie jeder. Ahlbecks Seebrücke ist von 1899 und damit auch die älteste Deutschlands. Rund um die Jugendstiluhr von 1911 ist das Revier des „Goldmanns". Verkleidet und geschminkt verschenkt er

Feiner, weißer Sand, Dünen und im Hintergrund die Seebrücke: Strandurlaub in Ahlbeck

Süßigkeiten (gern gegen Spende) und wirft mit Luftküssen.

ESSEN & TRINKEN

BÄCKEREI BLUNCK

Authentisch statt glatt: Die Bäckerei (mit Sitzplätzen) ist eine Alternative zu den vollen Cafés in Strandnähe. Thomas Wucke führt sie in fünfter Generation und verkauft Brote und Kuchen, die keine Industrieware sind. *Tgl. | Schulzenstr. 21*

SPORT & SPASS

UNTERNEHMEN NATUR

Florian Schröder holt dich im Hotel ab und nimmt dich in seinem Land-Rover mit auf einen Ausflug ins Hinterland, lädt dich zum Picknick ein und dazu, Neues über Natur und Land, vielleicht auch über dich selbst zu lernen. So kommst du an Orte, die du ohne ihn nicht finden würdest.

INSIDER-TIPP Safari-Feeling

Setz dich aufs Dach, wenn es über Feldwege geht, dann fühlst du dich wie auf dem Rücken eines Elefanten. *Individuelle Touren nach Absprache | ab 97 Euro/Tag | mobil 0176 56949272 | unternehmennatur.de*

STRÄNDE

AHLBECKER STRAND

Hier hat jeder sein kleines Stückchen Sand. Kinder schreien, Drachen fliegen, Pommes duften. Nur in Ruhe den Horizont angucken geht hier nicht, dafür ist immer was los.

RUND UM AHLBECK

11 WOLGASTSEE

4 km / 18 Min. von Ahlbeck mit dem Rad

Zur Abwechslung mal im Süßwasser schwimmen kannst du im Wolgastsee. Der hat viele kleine, sandige Badebuchten, seine Ufer sind mit Erlen und Buchen bewachsen. Ein Spazierweg (ca. 4 km) führt rundherum. Im Westen liegt *Korswandt* mit Imbiss, Café, Restaurant, Bootsverleih und Badestrand. *R6*

12 ŚWINOUJŚCIE/SWINEMÜNDE

6 km / 14 Min. von Ahlbeck mit dem Auto

Hallo, Polen! Świnoujście heißt die Stadt am Ausgang der Swine korrekt, und wenn du schon bis nach Usedom gekommen ist, hast du keinen Grund, nicht mal rüberzufahren: Die Stadt ist der größte Ort auf Usedom und hat Ähnlichkeit mit Warnemünde. Ein Badeort, der gleichzeitig Fähr- und Handelshafen ist und sogar eine Werft hat. 220 Stufen hoch, vom Turm der ehemaligen *Martin-Luther-Kirche (tgl. 10–20 Uhr | Eintritt 2,50 Euro | ul. Paderowskiego 7 | 0,5 h)* schaust du weit über die Stadt. *El Papa Hemingway (tgl. | Bohaterów Wrzesnia 69)* ist ein gemütliches Café, dessen Beerentorten aussehen wie opulente Mandalas und herrlich schmecken. Traditionelle polnische Küche, fleisch- und fischlastig, häufig auf deutschsprachigen Speisekarten, bekommst du in vielen Läden der Stadt. Ganz anders ist die *Vegebar (tgl. | Bohaterów Wrzesnia 50/4 | Tel. +48 795 85 05 65 | €)*. Evka, die Besitzerin, serviert vegane Küche. Tortillas, Burger, Brownies, aber auch polnische Piroggen.

Zwischen der Altstadt und dem Strand liegt der Kurpark, in dem Skateboard und Inliner gefahren wird und der tolle alte Bäume hat. Und das Kurviertel. In den alten Villen sind heute Hotels und Pensionen, viele bis unters Dach voll mit vor allem deutschen Wellness- und Gesundheitsreisenden. Hier badest du Auge in Auge mit den ein- und ausfahrenden Containerschiffen und Fähren. Die *Stadtfähre*, die Swinemündes Ufer miteinander verbindet, kostet für Fußgänger und Radfahrer nichts. Das gesparte Geld kannst du in den vielen, wirklich günstigen Secondhandläden loswerden. *R6*

SCHÖNER SCHLAFEN IN WOLGAST

POFEN IN DER POST

Landlust-Style in dem einen, Ikea-Kiefer in einem anderen der zwölf Zimmer im ehemaligen Postamt. Und dann liegt da noch eine rosa Pferdezeitschrift auf dem Nachttisch!? Alte und neue Möbel, helle und dunkle Farben mischen sich im *Postel (Breite Str. 26 | Wolgast | Tel. 03836 2 37 | post-aus-wolgast.de | €)*. In diesem Mix aus Hotel und Hostel kommst du ruck, zuck mit anderen in Kontakt, z. B. beim Indoorfußball, in der Sauna oder im Garten!

ERLEBNIS TOUREN

Lust, die Besonderheiten der Region zu entdecken? Dann sind die Erlebnistouren genau das Richtige für dich! Ganz einfach wird es mit der MARCO POLO Touren-App: Die Tour über den QR-Code aufs Smartphone laden – und auch offline die perfekte Orientierung haben.

1 MAL GESCHÄFTIG, MAL STILL: GREIFSWALD AN EINEM TAG

- Aus der Vogelperspektive die Stadt verstehen
- Am Fluss zum Bodden wandern
- Den Sommer am Hafen feiern

Marell
1 Tag
Fahrzeit: 1 Stunde
Mitnehmen: Decke
Museumshafen
Strecke: 17 km
Gehzeit: 1 Stunde

Nach einem Tag im Kanu wartet in der Ferienanlage Regenbogen ein Mietzelt auf dich

ÜBERBLICK VERSCHAFFEN

Der Tag wird lang, beginn ihn mit einem zweiten (Bagel-)Frühstück und frisch geröstetem Kaffee im ❶ **Marell** *(Mo, So-Vormittag geschl. | Knopfstr. 14 | marell-coffee.de)*. Von dort startest du deinen Stadtrundgang: *Über den Marktplatz vorbei am roten Rathaus in Richtung Europakreuzung und über den Wall* läufst du zum ❷ **Dom Sankt Nikolai** ➤ S. 106. Von dessen Turm siehst du der Stadt im 360-Grad-Panorama von oben auf die Dächer und verfolgst den Ryck, Greifswalds Fluss, auf seinem Weg zum Bodden.

Jetzt hast du einen Überblick über die Stadt, und bevor du sie vom Boden aus entdeckst, gehst du erst mal Mittag essen: *Lauf vom Dom aus zum Marktplatz, bieg hinter dem roten Rathaus rechts in die Fleischerstraße ein und überquer die Bahnhofstraße* – dann stehst du vor der ❸ **Brasserie Hermann** *(tgl. | Gützkower Str. 1 | Facebook)*, wo du bei gutem Wetter auch im kleinen Garten sitzen kannst. Anschließend gehst du ein kurzes Stück *über den Wall* zur ❹ **Fahrradausleihe** *vor dem Technischen Rathaus*, wo die Leihräder von *Usedomrad (9 Euro/Tag | usedomrad.de)* dir schon gelb entgegenleuchten.

❶ **Marell**
1,5 km 20 min

❷ **Dom Sankt Nikolai**
1 km 10 min

❸ **Brasserie Hermann**
0,5 km 6 min

❹ **Fahrradausleihe**
6 km 25 min

5 Pier 19
1 km 5 min

6 Klosterruine Eldena
7 km 35 min

7 Museumshafen

IMMER AM RYCK ENTLANG

Egal wen du fragst, auf der Liste der schönsten Wege der Stadt ist dieser die Nummer eins: Der alte Treidelpfad am Ryck, der sich am schilfbestandenen Ufer sanft *nach Osten* schlängelt, bringt dich in den Ortsteil *Wieck* ➤ *S. 108*. Dort riecht es nach Fluss, am Ufer gegenüber sieht man häufig Graureiher, manchmal auch Seeadler. In Wieck angekommen, hast du dir ein Eis verdient. Das bekommst du an der Mole im 5 Pier 19 *(tgl. | hotel-utkiek-greifswald.de), ganz am Ende der nördlichen Pier, noch hinter dem Sperrwerk.* Nun fehlt noch der Abstecher zur 6 Klosterruine Eldena ➤ S. 107. Setz dich dort eine Weile in den Schatten der Buchen und genieß die Stille, bevor du dich auf den Rückweg nach Greifswald machst.

BRATHERING ZUM SONNENUNTERGANG

Bring die Räder zurück und schlender dann zurück zum 7 Museumshafen ➤ S. 108. Such dir vor den Yachten und Traditionsschiffen einen Platz zwischen Grills, Picknickdecken und Kubb-Spielen und gesell dich zu all denen, die die Abendsonne bis zum Untergang genießen wollen. Keinesfalls auslassen: den Brathering in der Hornfischbar ➤ S. 107 auf der „Pomeria"!

INSIDER-TIPP
Kollektive Sommernachtsparty

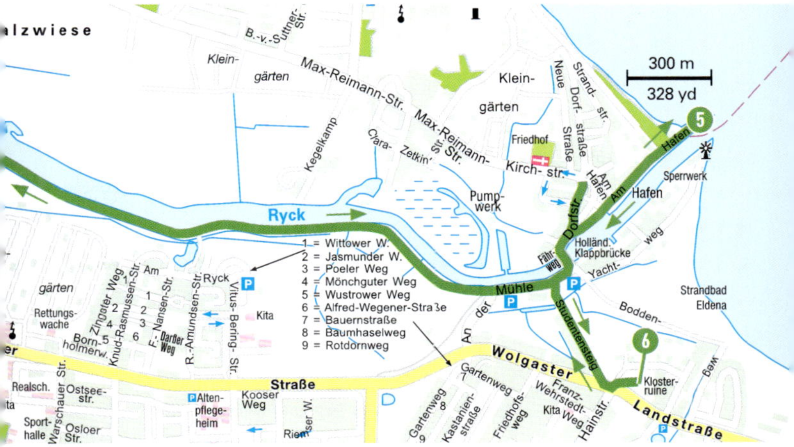

2 AUF AUGENHÖHE MIT DEN GRAUGÄNSEN

➤ Der Robbe von Prerow zuwinken
➤ Das alte Zingst im Museumshof entdecken
➤ Zu KieferndFduft und Meeresrauschen einschlafen

Galerie Café Barth — Darßer Brauhaus

2 Tage — Strecke: 44 km

Paddelzeit: 6 Stunden — Gehzeit: 4 Stunden

Mitnehmen: Wasserdicht verpacktes Gepäck für zwei Tage, Schlafsack, Isomatte, Fernglas

2 Wassersportzentrum Barth *(April–Okt. tgl. | Kanu 33 Euro/Tag | Glöwitz 1c | mobil 0179 8 38 41 27 | wassersportzentrum-barth.de):* Kanutour bis max. Windstärke 3 und nach Einweisung möglich, Karte mitgeben lassen

PADDELN ZWISCHEN BLESSHÜHNERN

Stärk dich mit einem großen Frühstück im 1 Galerie-Café Barth ➤ S. 82, bevor du im 2 Wassersportzentrum Barth dein Kanu besteigst. He, jetzt bist du auf dem Wasser! Durchatmen. Nach der Einweisung paddelst du *entlang des Schilfstreifens nach Zingst*

TAG 1

1 Galerie-Café Barth

1 km 10 min

2 Wassersportzentrum Barth

10 km 2 h 30 min

➤ S. 80, *östlich an den Inseln Kirr und Oie vorbei,* denn zwischen den Inseln darfst du wegen der rastenden Vögel nicht durch. Im Schilf rascheln Blesshühner und Haubentaucher, eine Graugans schwimmt an deinem Boot vorbei. Seeschwalben kreischen.

❸ **Wasserwanderrastplatz Zingst**
1 km 15 min

❹ **Zingster Stuben**
3 km 45 min

❺ **Wellness-Camp Düne 6**
4 km 1 h

ZINGST ENTDECKEN

Nach 10 km hast du dein heutiges Paddelsoll erfüllt. Nach dem Anlegen am ❸ **Wasserwanderrastplatz Zingst** *(Hafenmeister Herr Arndt, mobil 0151 53 81 50 70)* machst du dich auf den Weg *durch die trubelige Strandstraße zu den* ❹ **Zingster Stuben** *(tgl. | Strandstr. 36 | Tel. 038232 8 02 02 | €€),* wo du dir eines der Mecklenburger Gerichte bestellst. Bei einem Spaziergang *ostwärts am Spülsaum des Strands bis zur Abzweigung des Boddenwanderwegs Richtung Hafen* gelangst du zu deinem Nachtquartier, einem Mietwohnwagen im ❺ **Wellness-Camp Düne 6** *(Tel. 038232 1 76 17 | wellness-camp.de | €–€€) an der Straminke, am Strandübergang 6.* Hast du dich eingerichtet? Dann geht's los zum Sightseeing: Der Weg zurück in den Ort führt jetzt *über den Deichweg,* auf dem du eine grandiose Sicht bis zur Barther Kirche hast und

weit über die Boddenkette schauen kannst, *zum Hafen. Dort läufst du die Hafenstraße bis zur Strandstraße entlang und von dort bis zum Kreisverkehr.* Hier, im ❻ **Museumshof Zingst** ➤ S. 80, machst du Bekanntschaft mit der Geschichte der Halbinsel und der Menschen, die zwischen Bodden und Ostsee leb(t)en. *Wenn du vor dem Museum die Strandstraße überquerst und Richtung Seebrücke gehst, kommst du am* ❼ **Café Rosengarten** ➤ S. 80 *vorbei,* wo du zwischen all den Blüten zu Abend isst. Und bevor du dich in deinen Wohnwagen zurückziehst, kannst du zum Sonnenuntergang noch einen Spaziergang zur ❽ **Seebrücke** machen.

Das Begrüßungskomitee steht in Prerow schon bereit

BRÜCKEN GUCKEN

Nach dem Frühstück mit Brötchen vom Campingplatz geht es wieder zum ❾ **Wasserwanderrastplatz** und rein ins Kanu. Für die Strecke nach Prerow ➤ S. 78, auf der du die markante, 100 Jahre alte **Meiningenbrücke** passierst, brauchst du drei bis vier Stunden. Während sich die Autofahrer oben auf die Straße konzentrieren müssen, darfst du in aller Ruhe die alte Eisenbahnbrücke bewundern. Hinter der Meiningen- und der Autobrücke kannst du steuerbord (rechts) am ❿ **Ufer** anlegen und an Land picknicken. Du paddelst weiter *am Schilfrand entlang, östlich vorbei an der Insel Schmidtbülten* an Backbord (links), auf der Wasserbüffel vom Gut Darß ➤ S. 76 grasen. Nicht mehr weit ist es nun bis zur *Einfahrt in den Prerowstrom.* Wenn du Glück hast, wirst du von der Prerower Kegelrobbe begrüßt.

DARSSBAHNFAHRT & STRANDSPAZIERGANG

Nach dem Anlegen am ⓫ **Wasserwanderrastplatz Prerow** *(Hafenmeister Herr Plottka, mobil 0172 8 09 76 53)* fährst du mit Sack und Pack in der nostalgischen Darßbahn *(alle 15 Min. | 4 Euro | darssbahn.de)* zur Ferienanlage ⓬ **Regenbogen** *(Bernsteinweg 4–8 |*

❻ Museumshof Zingst
1 km 5 min
❼ Café Rosengarten
1 km 10 min
❽ Seebrücke

TAG 2
2 km 30 min
❾ Wasserwanderrastplatz
6 km 1 h 25 min
❿ Ufer
7 km 1 h 40 min

⓫ Wasserwanderrastplatz Prerow
3 km 15 min
⓬ Regenbogen
5 km 1 h 10 min

⓭ Darßer Brauhaus

regenbogen.ag | €) wo du dein Mietzelt übernimmst. Nach dem Auspacken wanderst du *ungefähr 1,5 km am wilden Nationalparkstrand, dann führt ein Weg in den Wald hinein und auf die Zeltplatzstraße, auf der du 3 km bis in den Ortskern läufst.* Am Weg steht filigranes, dünnes Waldgras, wenn der Tag sonnig war, duftet es nach Kiefern. Und im Spätsommer kannst du Blaubeeren und Preiselbeeren pflücken. Falls dir das nicht reicht: Ein leckeres Abendessen zu hausgebrautem Bier gibt es im ⓭ Darßer Brauhaus ➤ S. 78.

❸ STILLE SEEN, SCHÖNE WÄLDER: LASSANER WINKEL

- ➤ Mit dem Badeseil ins Wasser schwingen
- ➤ In der Stadt der Stille schwitzen
- ➤ Blüten riechen, Kräuter schmecken

Wolgast — Wolgast

2 Tage — Strecke: 71 km

Fahrzeit: 5 Stunden

Mitnehmen: Fahrradkarte (z. B. Kompass Ostseeküste MV, Karte 3)

❶ **Wolgast:** Leihrad bei Fahrradservice Kruggel *(ab 5 Euro/Tag | Bahnhofstr. 42 | Tel. 038377 4 28 69 | fahrrad verleih-usedom.de).* ❸ **Pulow:** Frag im Webcafé vorher an, ob ein Webversuch möglich ist.

TAG 1

❶ Wolgast

14 km 1 h

❷ Feldsteinkirche

6 km 25 min

RADELN, BADEN, WEBEN

Du verlässt ❶ Wolgast ➤ S. 113 *südwestlich durch das hügelige Hohendorf und fährst südwärts auf der Allee, parallel zur Peene. Durch Hohensee, Zemitz und Bauer gelangst du nach Wehrland.* Steig an der turmlosen, gedrungenen ❷ Feldsteinkirche *(Bauer | Wehrland)* ab und wirf einen Blick hinein. Der Küster ist häufig da, auskunftsfreudig und nett. Hinter der Kirche hast du einen wunderbaren Blick auf den Peenestrom. Ab jetzt wird es hügelig.

In ❸ **Pulow** legst du eine Picknickpause ein, bevor du den tief liegenden **Waldsee** *umrundest* und die beste Badestelle auskundschaftest. Trau dich dann im **Webcafé** ➤ S. 110 an den Webstuhl, und wenn dein erstes Webstück fertig ist, probier auf jeden Fall den Kuchen oder den selbst gemachten Birnensaft. Wenn es Abend wird, machst du dich auf den Weg nach *Lassan* ➤ S. 109, dem Städtchen der Stille, wo in der ❹ **Ackerbürgerei** ➤ S. 110 schon ein Zimmer auf dich wartet. Schnell noch ein Abendessen draußen im Naturgarten, und dann ab in die Sauna – Entspannung am Tagesende!

RIECHEN, FÜHLEN SCHMECKEN

Von Lassan aus radelst du *über Buggenhagen und Klotzow nach Pinnow.* Im Dorf ❺ **Klotzow** mit seinen alten Bäumen und Häusern hast du einen weiten Blick über den Peenestrom und nach Usedom. *Halt dich in Pinnow rechts,* um zum ❻ **Großen Pinnower See** ➤ S. 110 mit seinem klaren Wasser zu kommen. Zeit für einen Badestopp mit Picknick! Nix mehr im Rucksack? Bis zum ❼ **Höfeladen Esslust** *(hoefeladen-esslust.de)* in Libnow ist es nur 1 km.

Ein äußerst sinnliches Erlebnis ist der Besuch des ❽ **Duft- und Tastgartens Papendorf** ➤ S. 109. *Über Lentschow fährst du nördlich nach Papendorf,* wo du 300 verschiedene Nutzpflanzen entdecken kannst. Wenn der Kiosk geöffnet hat, bekommst du hier auch Kaffee und Kuchen. *Der Weg zurück führt wieder über Pulow und jetzt nach Nordwesten durch den Wald nach Zemitz. Hier stößt du wieder auf die Allee von gestern und fährst noch ca. 15 km zurück nach* ❶ **Wolgast**.

❸ Pulow

6 km 25 min

❹ Ackerbürgerei

TAG 2

8 km 30 min

❺ Klotzow

5 km 20 min

❻ Großer Pinnower See

3 km 10 min

❼ Höfeladen Esslust

9 km 35 min

❽ Duft- und Tastgarten Papendorf

20 km 1 h 20 min

❶ Wolgast

GUT ZU WISSEN

DIE BASICS FÜR DEINEN URLAUB

ANKOMMEN

ANREISE

Die A 20 bringt dich außer an wenigen Tagen im Hochsommer schnell zu deinem Urlaubsort. Aber: Ab den Ausfahrten fließt der Verkehr oft zäh. Nach Usedom kommst du über die Wolgaster Brücke oder – aus Richtung Berlin – über die Zecheriner Brücke. Nach Rügen geht es über Stralsund und Strelasundbrücke oder per Glewitzer Fähre. Auf die Halbinsel Fischland-Darß-Zingst gelangst du aus östlicher Richtung über Barth und die Meiningenbrücke, aus dem Westen über Ribnitz-Damgarten. Auf Usedom und Fischland-Darß-Zingst gibt es jeweils eine einzige, häufig verstopfte Verbindungsstraße. Auch auf Rügen sind die Straßen zu den Hauptreisezeiten oft dicht.

Am komfortabelsten reist du per Bahn nach Usedom – die Usedomer Bäderbahn (UBB, *ubb-online.com*) fährt zwischen Züssow (auf der Bahnlinie Berlin–Stralsund) und Swinemünde jedes Seebad an. Rügen ist auf den Strecken Stralsund–Sassnitz und Stralsund–Binz über die Deutsche Bahn *(bahn.de)* angeschlossen. Fischland-

GRÜN & FAIR REISEN

Du willst beim Reisen deine CO_2-Bilanz im Hinterkopf behalten? Dann kannst du deine Emissionen kompensieren *(atmosfair.de; myclimate.org)*, deine Route umweltgerecht planen *(routerank.com)* oder auf Natur und Kultur *(gate-tourismus.de)* achten. Mehr über ökologischen Tourismus erfährst du hier: *oete.de* (europaweit); *germanwatch.org* (weltweit).

Im Frühsommer dampft der Rasende Roland durch den blühenden Raps

Darß-Zingst erreichst du mit Bussen ab Ribnitz-Damgarten und Barth.

Mit Fernbussen kommst du (ggf. mit Umsteigen) in alle größeren Städte und auf die Inseln. Informationen im Überblick unter *busliniensuche.de* oder *checkmybus.de*.

Die nächsten größeren Flughäfen sind Berlin *(berlin-airport.de)* und Hamburg *(flughafen-hamburg.de)*. Vom Flughafen in Heringsdorf *(flughafen-heringsdorf.de)* gibt es saisonale Verbindungen nach Basel, Dortmund, Düsseldorf, Frankfurt, Linz und Stuttgart. Der Flughafen in Rostock-Laage *(rostock-airport.de)* hat ein eingeschränktes Angebot an nationalen und internationalen Zielen.

AUSKUNFT

TOURISMUSVERBAND MECKLENBURG-VORPOMMERN

Konrad-Zuse-Str. 2 | 18057 Rostock | Tel. 0381 4 03 05 50 | auf-nach-mv.de

WEITERKOMMEN

FÄHREN

Fähren nach Schweden, Litauen und Dänemark fahren ab Rostock *(short.travel/omv35)* und ab Neu Mukran auf Rügen *(short.travel/omv36)*. Nach Hiddensee *(reederei-hiddensee.de)* fährst du ab Schaprode auf Rügen und ab Stralsund. Zwischen Glewitz auf Rügen und Stahlbrode pendelt im Sommerhalbjahr eine Autofähre *(short.travel/omv37)*. Ausflugsschiffe zu anderen Seebädern oder Rundfahrten zu Landschaftszielen legen in fast allen Ostseebädern ab.

ÖFFENTLICHE VERKEHRSMITTEL

Außerhalb der touristischen Regionen an der Küste, im ländlichen Binnenland, ist das Angebot des ÖPNV nur mittelmäßig bis schlecht. Für Ausflüge in die Umgebung solltest du dich daher besser vorher über Verbindungen informieren. Eine gute Infrastruktur gibt es aber in den Städten und teilweise auch zwischen den Badeorten. Dann auch oft mit Sommerfahrplänen oder besonderen touristischen Angeboten wie der Bäderbahn *Molli* (s. S. 59) zwischen Bad Doberan, Heiligendamm und Kühlungsborn oder dem *Rasenden Roland* (s. S. 95) auf Rügen. Die Verkehrsverbünde in Mecklenburg-Vorpommern haben unter *vmv-mbh.de* eine gemeinsame Auskunftsseite eingerichtet.

FAHRRÄDER

Das beschränkte Parkplatzangebot in den Küstenorten spricht für das Fahrrad als Urlaubstransportmittel. Wenn du dein eigenes Rad mitbringst, macht dich der Fahrradverleih, den es in fast jedem Ort gibt, mobil. Er hat nicht nur Räder, sondern auch Zubehör wie Anhänger und Kindersitze im Angebot. Auf Usedom kannst du Räder auch an den über 100 Stationen von *Usedomrad (usedomrad.de)* ausleihen.

IM URLAUB

BADEWASSERQUALITÄT

Probleme mit der Wasserqualität gibt es entlang der Küste selten, überwiegend ist sie gut oder sehr gut. Fast 500 Badestellen werden fünfmal im Jahr staatlich untersucht. Die Ergebnisse stehen auf *badewasser-mv.de*.

INTERNET/WLAN

In den meisten Pensionen und Hotels kannst du WLAN nutzen, ansonsten gilt die Faustregel: Je kleiner der Ort, desto weniger Breitband.

KLEIDUNG

Auch wenn die Region die meisten Sonnentage Deutschlands hat, gehören neben Sonnencreme, -brille und einer leichten Kopfbedeckung Wind- und Regenjacke ins Gepäck. Pack auch im Sommer eine Mütze ein!

INSIDER-TIPP
Warme Ohren

WAS KOSTET WIE VIEL?

Schiffsfahrt	15 Euro *ab Usedom/Rügen*
Souvenir	12 Euro *für ein Lederarmband mit Bernstein*
Kaffee	3,50 Euro *für einen Cappuccino*
Imbiss	4 Euro *für ein Fischbrötchen*
Kurtaxe	1–3 Euro *pro Tag/Hauptsaison*
Strandkorb	8–24 Euro *pro Tag*

KURTAXE

Je nach Ferienort zahlst du in der Hauptsaison 1–3 Euro Kurtaxe pro Tag, teilweise wird auch für Hunde eine Gebühr verlangt. Die Kurtaxe wird meist von den Vermietern eingezo-

FESTE & EVENTS
RUND UMS JAHR

(FAST) GANZJÄHRIG

★ **Festspiele Mecklenburg-Vorpommern** (in der ganzen Region). Klassik in historisch bedeutsamen Kirchen und Schlössern, aber auch in Industriebauten und Parks. *Tickettel. 0385 5 91 85 85 | festspiele-mv.de*

APRIL/MAI

Darß-Marathon (Wieck). *darss-marathon.de*

Nordischer Klang (Greifswald). Festival für Musik und Kunst aus Skandinavien. *nordischerklang.de*

MAI/JUNI

Bachwoche (Greifswald). Bachs Oratorien, Kantaten und Konzerte, jedes Jahr unter einem anderen Motto. *short.travel/omv26*

Kleinkunstfestival Usedom (Kaiserbäder). Straßenkünstler aus der ganzen Welt gastieren auf der Insel. *kleinkunst-festival.de*

Kunst offen. 800 Künstlerinnen und Künstler in der ganzen Region lassen dich am Pfingstwochenende in ihre Galerien und Werkstätten, Ateliers und Gärten. *kunst-offen.com*

JUNI–AUGUST

Störtebeker-Festspiele (Ralswiek). Freilufttheater rund um den Piraten Klaus Störtebeker. *stoertebeker.de*

★ **Hanse Sail** (Rostock). Eines der größten Treffen von Traditionsseglern im Ostseeraum. *hansesail.com*

SEPTEMBER

Bio-Landpartie (in der ganzen Region). Schafe streicheln, Kuchen essen und zur Hofbesichtigung. *bund-mecklenburg-vorpommern.de*

Campus Open Air (Wismar). Rock-Pop-Hip-Hop-Event.

NOVEMBER/DEZEMBER

Polenmarkt (Greifswald). Polnische Kunst und Kultur. *polenmarkt-festival.de*

Adventsmarkt (Burg Klempenow). Mit Märchen am Kamin, Kunsthandwerk und Musik. *burg-klempenow.de* gen, Tagesgäste entrichten sie bei den Kurverwaltungen oder an Automaten am Strand. Auf Hiddensee wird die erste Tagesgebühr schon mit der Überfahrt bezahlt. Einige Eintrittspreise sind mit Kurkarte billiger.

ÖFFNUNGSZEITEN

Dank der Bäderregelung haben viele Geschäfte zwischen dem 15. März und dem ersten Wochenende im November auch am Sonntag auf. Einkaufen ist dann grundsätzlich zwischen 12 und 18 Uhr möglich. Mo–Sa gelten in der Regel Kernöffnungszeiten zwischen 10 und 18 Uhr. Achtung: Die Öffnungszeiten schwanken im Jahresverlauf auch während der Woche häufig. Im Winter gibt es oft nur ein eingeschränktes Angebot; manche Läden und Restaurants öffnen dann nur in der zweiten Wochenhälfte.

PARKEN

Parkplätze sind umkämpft und werden von jeder Gemeinde in Eigenregie organisiert. Die Kosten für Parkscheine variieren stark je nach Parkplatzangebot und -nachfrage. Viele Hotels und Pensionen halten Parkplätze für ihre Mieter vor.

POLEN

Für die Einreise nach Polen brauchst du nur Reisepass oder Personalausweis, Kinder einen Kinderreisepass. In Swinemünde kannst du Zloty in Wechselstuben tauschen oder mit EC-Karte am Geldautomaten abheben. Um übermäßige Gebühren beim Geldabheben oder der Bezahlung mit EC-Karte zu verhindern, gib am Automaten an, dass du keine „Dynamic Currency Conversion" wünschst – ansonsten werden zehn Prozent mehr fällig, als der Umsatzkurs berechnet. Meist kannst du bequem mit Kreditkarte zahlen, teilweise auch bar in Euro.

UNTERKÜNFTE

Die Bandbreite an Unterkünften ist riesig: vom privat vermieteten Zimmer über Hostels bis zum Luxushotel. Eine Übersicht bekommst du bei der Touristinformation deines Zielorts oder auf einer Überblicksseite im Netz, z. B. *m-vp.de/unterkunft*.

VERANSTALTUNGEN

Viele Städte betreiben auf ihrer Website einen Veranstaltungskalender, den du bei der jeweiligen Touristinformation auch in der Printversion erhältst. Einen Überblick bekommst du auf *short.travel/omv38* oder *waswann wo-mv.de*. Aktuelle Tipps liest du auch in der Tageszeitung. Die „Ostsee-Zeitung" mit Mantelredaktion in Rostock produziert Regionalausgaben in Greifswald, Grevesmühlen, Ribnitz-Damgarten, Rügen, Stralsund, Usedom und Wismar. Der „Ozelot", das Veranstaltungsmagazin dieser Zeitung, erscheint donnerstags.

NOTFÄLLE

GESUNDHEIT

Rostock und Greifswald haben Universitätskliniken, kleinere Krankenhäuser gibt es auch in Wolgast, Stralsund, Ribnitz-Damgarten, Wismar und Bergen auf Rügen. Die Ärzte in den Küstenorten sind auf Gastpatienten eingestellt. Infos zur nächsten Praxis erhältst du in deiner Unterkunft oder bei der Touristinformation.

NOTRUFE
Polizei: *Tel. 1 10*
Feuerwehr, Notarzt: *Tel. 1 12*

WICHTIGE HINWEISE

FKK
Geht an den gekennzeichneten FKK-Strandabschnitten der Seebäder. In der Nebensaison und an wenig genutzten Stränden wird unaufdringliches Nacktbaden meist auch an allgemeinen Badestellen toleriert.

PHOSPHOR
Sieht aus wie Bernstein, fängt aber an der Luft an zu brennen: Phosphor aus Brandbomben des Zweiten Weltkriegs mischt sich vor allem auf Rügen und Usedom unter das Strandgut am Spülsaum. Gefundenen Bernstein in einer Dose (nicht in der Tasche!) aufbewahren, auf nicht brennbarem Untergrund trocknen lassen und beobachten. Sollte es anfangen zu brennen, mit Sand, nicht mit Wasser löschen.

STEILKÜSTEN
In den vergangenen Jahren gab es vermehrt Steilküstenabbrüche. Du vermeidest Gefahren, wenn du dich von der Abbruchkante fernhältst.

WETTER IN GREIFSWALD

Hauptsaison
Nebensaison

	JAN.	FEB.	MÄRZ	APRIL	MAI	JUNI	JULI	AUG.	SEPT.	OKT.	NOV.	DEZ.
Tagestemperaturen	2°	3°	6°	11°	16°	20°	22°	21°	18°	13°	7°	4°
Nachttemperaturen	-2°	-2°	0°	3°	7°	11°	13°	13°	10°	7°	3°	0°
Sonnenschein Stunden/Tag	2	2	4	6	8	8	7	6	6	3	2	1
Niederschlag Tage/Monat	18	15	13	14	12	14	15	16	15	17	18	18
Wassertemperatur in °C	3	2	3	5	9	14	17	17	15	12	8	5

Sonnenschein Stunden/Tag · Niederschlag Tage/Monat · Wassertemperatur in °C

URLAUBS FEELING

ZUM EINSTIMMEN & AUSKLINGEN

LESESTOFF & FILMFUTTER

KRUSO

Du bist dicht, sehr dicht dran, was Ed, die Hauptperson in diesem halbfiktiven Sommer 1989 auf Hiddensee, fühlt, sieht und riecht. Der 2014 erschienene Roman von Lutz Seiler ist das Protokoll des flüchtigen Glücks einer Schar von freiwilligen Outsidern.

BLAU STEHT DIR NICHT

Judith Schalansky ist in Greifswald aufgewachsen, der Matrosenroman (2008) dreht Schleifen um ihre Heimatstadt, Usedom und die Faszination von Horizont und Weite. Kurz genug für einen Wochenendtrip.

STILLES LAND UND GROSSES KINO

Welche Sets waren wo, welche Kulisse ist echt? Das Nachschlagewerk zum Film in Mecklenburg-Vorpommern, herausgegeben von Marco Voss (2015), verrät dir, welche Filme und TV-Serien an deinem Urlaubsort gedreht wurden.

WIR SIND JUNG. WIR SIND STARK

Der Spielfilm von 2014 stellt das Pogrom von 1992 nach, als in Rostock-Lichtenhagen das Sonnenblumenhaus brannte und die grölende Menge den Tod der Eingeschlossenen in Kauf nahm.

PLAYLIST HEAVY ROTATION

0:58

NINA HAGEN – DU HAST DEN FARBFILM VERGESSEN
In der DDR ihr größter Hit, mit Ironie, Nonsens und viel 70er-Jahre-Nostalgie. Hoch stand der Sanddorn am Strand von Hiddensee …

FEINE SAHNE FISCHFILET – KOMPLETT IM ARSCH
Besprühte Bushaltestellen und einsame Badeseen: Man sieht und hört sie, die Tristesse der vorpommerschen Provinz

MARTHA MÜLLER-GRÄHLERT – WO DE OSTSEEWELLEN TRECKEN AN DEN STRAND
Die berühmteste Zingsterin hat mit diesem Lied die inoffizielle Hymne des Bundeslands geschaffen: Ihr Lied singen so gut wie alle Shantychöre an der Küste

MATERIA – MEIN ROSTOCK
Der Rapper hat eine Hommage an seine Heimatstadt geschrieben und singt sie mehr, als dass er sie rappt. Mit viel Pathos

*Den Soundtrack zum Urlaub gibt's auf **Spotify** unter **MARCO POLO** Ostsee*

Oder Code mit Spotify-App scannen

AB INS NETZ

ROSTOCK-NEWS
Polizeimeldungen, Pflaumenkuchenrezepte und Posts von Hobbylyrikern – all das findet nebeneinander auf dem Meta-Blog „Rostock-Blogs" statt (rostock-blogs.de)

SCHIFFSVERKEHR
Ein Tanker kommt aus der Kadetrinne, die Fähre liegt noch im Hafen von Kloster auf Hiddensee. Hier kannst du Schiffsbewegungen zwischen dem Fischland und Greifswald verfolgen – hilft auch bei Nach-dem-Urlaub-Blues (short.travel/omv30)

BLICK AUFS KAP
Webcams sind so was wie virtuelle Gucklöcher auf Sehnsuchtsorte. Mit dieser schaust du aufs Kap Arkona. Wie ändert sich das Wetter? Strandkleidung? Winterjacke! Und wow, da ist es ja immer noch hell … (short.travel/omv32)

BADEWASSER MV
Wasser geschluckt? Wie sauber das Ostseewasser ist, findest du mit dieser App heraus. Und auch ob Parkplätze, Restaurants und Toiletten in der Nähe sind …

TRAVEL PURSUIT

DAS MARCO POLO URLAUBSQUIZ

Weißt du, wie die Ostseeküste Mecklenburg-Vorpommern tickt? Teste hier dein Wissen über die kleinen Geheimnisse und Eigenheiten von Land und Leuten. Die Lösungen findest du in der Fußzeile. Und ganz ausführlich auf den S. 18–23.

❶ Die an einer Kette aufgezogenen Feuersteine nennt man Hühnergötter, weil
a) sie so groß wie Hühnereier sind.
b) den Slawen Hühner heilig waren.
c) das Aneinanderschlagen der Steine den Fuchs vertreiben sollte.

❷ Auf das Eintreffen welcher Tiere warten an Herbstabenden Hunderte Touristen?
a) Kormorane
b) Kraniche
c) Kegelrobben

❸ Brotfisch der Ostseefischer sind
a) Makrele und Seezunge.
b) Rotbarsch und Lachs.
c) Hering und Dorsch.

❹ Wenn ein Ort besonders klein ist, bedeutet das, dass
a) man dort sicher keine Fischbrötchen kaufen kann.
b) dort die Ferienwohnungen besonders teuer sind.
c) es dort eher kein Breitbandinternet gibt.

❺ Die bauchigen Schiffe der Hanse hießen
a) Koggen.
b) Kähne.
c) Schaluppen.

❻ FKK heißt
a) Frieden, Kaffee und Kuchen.
b) Freikörperkultur.
c) Finde keine Klamotten.

Lösungen: 1c, 2b, 3c, 4c, 5a, 6b

Fischbrötchen gibt's (fast) überall

LEHMENT
DIE HEIMATMARKE
aus Rostock
Mann un Fru
ORIGINAL LEHMENT Rostocker
NACH URALTER REZEPTUR
ORIGINAL
LEHMENT
Rostocker
AQUAVIT
NACH URALTER REZEPTUR
ORIGINAL
LEHMENT
Rostocker
DOPPEL-KÜMMEL
NACH NORDISCHER REZEPTUR
ORIGINAL
LEHMENT
Rostocker
LIKÖR MIT STERNANIS
Wat trink wi nu? Mann un Fru!
www.original-lehment.de
Norden, Leben. Geniessen. Den Urlaub im Norden erleben. Mit Sonne, Wind und Wellen. Dazu die Original Lehment Rostocker Spirituosen Spezialitäten. Das ist der echte Genuss.
Massvoll-geniessen.de

REGISTER

Ahlbeck 33, 102, 114, **117**
Ahrenshoop 31, 68, **74**
Alter Hafen (Wismar) 47
Alter Strom (Warnemünde) 66
Anklam 17
Atelier Otto Niemeyer-Holstein 112
Baabe 95, **96**
Bad Doberan **60**, 130
Bansin 102, **114**, 117
Barhöft 83
Barth 69, **82**, 123, 128, 129
Baumwipfelpfad 95
Bergen **95**, 132
Bibelzentrum Barth 82
Binz 16, **93**, 95, 128
Biosphärenreservat Südost-Rügen 96
Boiensdorf 39, 50
Boiensdorfer Werder 50
Boltenhagen 38, **42**
Born 68, **75**
Buggenhagen 109
Burg Klempenow 131
Büttelkow 53
Caspar-David-Friedrich-Zentrum 106
Damshagen 45
Darß 22, 30, 33, 35, 69
Darßer Arche 76
Darßer Ort 16, 78, **79**
Darßwald 79
Demmin 17
Deutsches Bernsteinmuseum 72
Deutsches Meeresmuseum 88
Dom Sankt Nikolai (Greifswald) **106**, 121
Dornbusch 16, 90, **91**
Duft- und Tastgarten Papendorf **109**, 127
Eldena **107**, 122
Fischland-Darß-Zingst 16, **68**, 128
Freest 20
Freilichtmuseum Klockenhagen 72
Gager 18
Gelbensande 65
Glewitz 129
Gnitz 113
Göhren 95, **96**
Götemitz 31
Graal-Müritz 64
Greifswald 14, 15, 17, 20, 22, 23, 28, 103, **106**, 120, 131, 132, 134
Greifswalder Oie 113
Groß Kordshagen 83
Groß Mohrdorf 83
Groß Zicker 97
Großsteingräber 51
Heiligendamm 16, 54, 55, **60**, 130
Heimatmuseum (Rambin) 101
Heimatmuseum Warnemünde 66
Heringsdorf 16, 114, **115**, 129
Hiddensee 16, 22, 26, 33, 85, **90**, 129, 132, 134
Historisch-Technisches Museum 113
Hohen Schönberg 45
Jagdschloss Gelbensande 65
Jagdschloss Granitz **94**, 95
Kaffeebrenner 45
Kap Arkona **92**, 135
Karlshagen 112
Kirchdorf 49, 50
Kloster 90, 91
Klostergarten (Rostock) 62
Klotzow 127
Klütz 38, **43**, 53
Klützer Winkel 43
Königsstuhl 92
Korswandt 119
Koserow 113
Kranich-Informationszentrum 83
Krebsseen 115
Kreideküste 16, 21, 22, **92**
Kühlung 60
Kühlungsborn 54, 55, **58**, 130
Kulturhistorisches Museum (Rostock) 62
Kulturpfad (Wustrow) 73
Kunstkaten (Ahrenshoop) 74
Kunstmuseum Ahrenshoop 74
Kunstpavillon (Heringsdorf) 116
Kunstpfad (Ahrenshoop) 74
Lassan 109, 110, 127
Lassaner Winkel 103, **109**
Lauterbach 18, 20, **98**
Leonorenwald 45
Leuchtturm Dornbusch 91
Leuchtturm Warnemünde 66
Libnow 127
Lieper Winkel 117
Lietzow 93
Literaturhaus Uwe Johnson 44
Lohme 92
Loissin 109
Lubmin 109
Mahn- und Gedenkstätte (Barth) 82
Malchow 49
Marienkirche (Rostock) 62
Marktplatz (Greifswald) 106
Marktplatz (Wismar) 46
Mellenthin 115
Molli **59**, 130
Mönchgut 96
Münster Bad Doberan 60
Museum Atelierhaus Rösler-Kröhnke 58
Museum Villa Irmgard 116
Museumshafen (Greifswald) 108, 122
Museumshof Puddemin 101
Museumshof Zingst **80**, 125
Nantrow 50
Neu Mukran 34, 129
Neu-Sallenthin 114
Neuburg 50
Neuendorf 90, 113
Neuer Markt (Rostock) 61
Nordperd 96
Öhe 91
Orangerie (Putbus) 100
Ostsee-Grenzturm 58
Ozeaneum 15, **88**
Papendorf **109**, 127
Peenemünde 18, 22, **113**
Pepelow 39, 50, 51
Petrikirche (Rostock) 62
Pfarrwitwenhaus 97
Pinnow 127
Poel 39, **49**
Poeler Kogge (Wismar) 48
Pommersches Landesmuseum 106
Pramort 16, 81
Prerow 30, 32, 68, **78**, 125
Prora 94
Puddemin 101
Pulow 110, 127
Putbus 95, **100**
Quilitz 117
Ralswiek 131
Rambin 101
Rankwitz 117
Rasender Roland **95**, 130
Rerik 39, **51**, **53**
Ribnitz-Damgarten 69, **72**, 128, 129, 132
Rostock 14, 15, 17, 22, 23, 28, 54, **61**, 129, 131, 132, 134, 135
Rügen 16, 31, 33, 34, 35, **84**, 128, 129, 130, 132, 133
Rungehaus 114
Salzhaff 50
Sankt Nikolai zu Bauer 126
Sassnitz **91**, 128
Schabbellhaus 47
Schaprode 91, 129
Schloss Bothmer **44**, 45
Schmidtbülten 125
Seebrücke Ahlbeck 117
Seebrücke Sellin 96
Seebrücke Zingst 125
Sellin 95, **96**
Spandowerhagen 35
Spielkarten-Fabrik 88
Stadt- und Bädermuseum (Bad Doberan) 60
Stadtgeschichtliches Museum (Wismar) 47
Stadtmuseum (Wolgast) 113
Stahlbrode 129
Steinbeck 43, 45
Steinzeitdorf Kussow 43
Stellshagen 45
Stralsund 14, 15, 17, 23, 28, 85, **88**, 128, 129, 132
Swinemünde 102, 114, 117, **119**, 128, 132
Tarnewitz 42
Theater Putbus 101
Till Richter Museum (Buggenhagen) 109
Timmendorf 50
Trassenheide 112
Usedom 16, 33, **102**, 128, 130, 131, 132, 134
Villa Meyer 110
Vilm 99

Vineta-Museum (Barth) 82
Vitte 26, 90
Warnemünde 54, 55, **65**
Wehrland 126
Weststrand (Darß) 22, 78, **79**
Wieck (Darß) 68, **76**, 131
Wieck (Greifswald) 20, **108**, 122
Wismar 14, 15, 17, 23, 38, **46**, 131, 132
Wolgast **113**, 119, 126, 132
Wolgastsee 119
Wustrow (Halbinsel) 53
Wustrow (Ort) 68, **73**
Zicker Berge 97
Zingst 16, 18, 69, **80**, 81, 123, 124
Zinnowitz 17, **110**
Zoo Rostock 62
Zudar 99
Züssow 128

LOB ODER KRITIK? WIR FREUEN UNS AUF DEINE NACHRICHT!

Trotz gründlicher Recherche schleichen sich manchmal Fehler ein. Wir hoffen, du hast Verständnis, dass der Verlag dafür keine Haftung übernehmen kann.

MARCO POLO Redaktion • MAIRDUMONT • Postfach 31 51
73751 Ostfildern • info@marcopolo.de

Impressum
Titelbild: Heringsdorf, Strand und Seebrücke (AWL Images: S. Lubenow)
Fotos: DuMont Bildarchiv: S. Lubenow (31, 112, 136/137), O. Meinhardt (51); huber-images: C. Bäck (Klappe hinten, 38/39, 94), C. Dörr (131), B. Grundmann (11), S. Lubenow (2/3, 118), R. Schmid (Klappe vorne außen, Klappe vorne innen/1, 6/7, 46, 58, 63, 84/85); Laif: M. Amme (32/33), J. Arlt (74), T. Babovic (114), D. Eisermann (102/103), M. Jäger (20), G. Lengler (34, 77, 98), D. Schwelle (81), G. Westrich (44, 120/121), C. Zahn (24/25); Look: C. Bäck (12/13, 68/69), Engel & Gielen (125), A. Haug (52), K. Jäger (67), S. Lubenow (97), O. Meinhardt (93), Rötting/Pollex (10), H. Wohner (116); Look/age fotostock (100/101); A. Lübbert (139); mauritius images: F. Herrmann (90), C. Lux (73), Novarc/H. P. Szyszka (111), pa (27); mauritius images/Alamy (35); mauritius images/foodcollection (26/27); mauritius images/imagebroker: R. Kerpa (134/135), H. Meyer zu Capellen (14/15); mauritius images/United Archives/McPhoto: W. Rolfes (82), U. Schwenk (78); mauritius images/Westend 61: pure.passion.photography (108), M. Siepmann (30/31); picture-alliance: H. Hellwig (9); picture-alliance/dpa: J. Büttner (48, 65, 128/129); picture-alliance/Westend61: M. Stuart (42); picture-alliance/ZB: J. Büttner (8, 19); Visum: S. Pfütze (28), M. Zwick (23, 54/55)

18. Auflage 2020, komplett überarbeitet und neu gestaltet

Autorin: Anke Lübbert; Redaktion: Ulrike Frühwald; Bildredaktion: Anja Schlatterer
Kartografie: © MAIRDUMONT, Ostfildern (S. 36–37, 124, 127, Umschlag außen, Faltkarte); © MAIRDUMONT, Ostfildern, unter Verwendung von Kartendaten von OpenStreetMap, Lizenz CC-BY-SA 2.0 (S. 40–41, 47, 56–57, 61, 70–71, 86–87, 89, 104–105, 107)
Gestaltung Cover, Umschlag und Faltkartencover: bilekjaeger_Kreativagentur mit Zukunftswerkstatt, Stuttgart;
Gestaltung Innenlayout: Langenstein Communication GmbH, Ludwigsburg
Als touristischer Verlag stellen wir bei den Karten nur den De-facto-Stand dar. Dieser kann von der völkerrechtlichen Lage abweichen und ist völlig wertungsfrei.
Gestaltung Cover, Umschlag und Faltkartencover: bilekjaeger_Kreativagentur mit Zukunftswerkstatt, Stuttgart;
Gestaltung Innenlayout: Langenstein Communication GmbH, Ludwigsburg
Texte hintere Umschlagklappe: Lucia Rojas
Konzept Coverlines: Jutta Metzler, bessere-texte.de

Printed in China

MARCO POLO AUTORIN
ANKE LÜBBERT
Gleich nach dem Abi kam sie an die Ostseeküste, um ein großes Segelschiff aufzubauen – und wollte nicht mehr weg. Erst fuhr sie als Bootsfrau auf dem Schiff, danach studierte sie in Greifswald, wo sie heute noch lebt und für überregionale Zeitungen und Zeitschriften schreibt. Umziehen? Keine Option. Ganz schnell würde ihr der tägliche Blick auf Schiffe und Wasser fehlen …

BLOSS NICHT!

FETTNÄPFCHEN UND REINFÄLLE VERMEIDEN

DICH IN NEOPREN HÜLLEN

Bitte nicht, kauf bloß keinen Neoprenanzug. Vor ein paar Jahren waren sie noch den Surfern vorbehalten, mittlerweile sieht man sie immer öfter. Ein „Neo" ist exakt das Stück im Reisegepäck, für das du eine Extratasche mitnehmen musst. Dabei ist er das perfekte Beispiel, wie Bedürfnisse kreiert werden. Denn die Ostsee ist zwar kälter als das Mittelmeer, aber das willst du doch auch spüren, oder?

NUR FREUNDLICH NICKEN

Händeschütteln mag anderswo aus der Mode gekommen sein, hier nicht. Der Händedruck ist immer noch obligatorisch. Fehlt er, gilt das als unhöflich.

FALSCH VERABREDEN

Ihr wollt euch um 9.45 Uhr treffen? Wenn du nicht auffallen willst, verabrede dich für „drei viertel zehn". „Viertel vor zehn", das kennt hier keiner und könnte leicht mit „viertel zehn" verwechselt werden. In diesem Fall wäre dein Gegenüber schon um 9.15 Uhr da – und müsste eine halbe Stunde auf dich warten.

DEN BESSERWESSI RAUSKEHREN

Ob Ost oder West ist im Alltag kaum noch Thema. Wenn aber jemand auf dem Marktplatz steht und eine Spur zu laut „Aus Greifswald ist ja doch noch was geworden" sagt, dann kommt dieser Hauch von Überheblichkeit auch 30 Jahre nach der Wende nicht gut an.

DEN HERRENTAG IN DEN GROSSEN STÄDTEN FEIERN

Herrentag (Christi Himmelfahrt) ist der einzige Tag im Jahr, an dem du die größeren Städte besser meidest. Die ansonsten sehr zurückhaltenden Mecklenburger und Vorpommern lassen an diesem Tag so sehr die Sau raus, dass man nach 12 Uhr kaum noch nüchterne Männer auf der Straße sieht. Also, entweder mitfeiern – oder den Tag am Strand verbringen.